U0926023

观赛礼仪

走进北京冬奥
相约礼仪中国

李 柠　赵 刚　主编
雷云霓　副主编

華中科技大學出版社
http://www.hustp.com
中国·武汉

图书在版编目(CIP)数据

走进北京冬奥　相约礼仪中国/李柠，赵刚主编. -- 武汉：华中科技大学出版社，2022.1
ISBN 978-7-5680-7842-9

Ⅰ.①走…　Ⅱ.①李…　②赵…　Ⅲ.①冬季奥运会－礼仪－基本知识
Ⅳ.①G811.212

中国版本图书馆CIP数据核字(2021)第263481号

走进北京冬奥　相约礼仪中国
ZOUJIN BEIJING DONG'AO　XIANGYUE LIYI ZHONGGUO

李　柠　赵　刚　主编

策划编辑：郭善珊
责任编辑：郭善珊　　董　晗
封面设计：张　靖
责任监印：朱　玢
出版发行：华中科技大学出版社（中国·武汉）　　电话：（027）81321913
武汉市东湖新技术开发区华工科技园　　邮编：430223
录　　排：高　翔
印　　刷：北京富泰印刷有限责任公司
开　　本：710 mm×1000 mm　1/16
印　　张：15.75
字　　数：150千字
版　　次：2022年1月第1版第1次印刷
定　　价：55.00元

本书法律顾问：陈浩律师
本书若有印装质量问题，请向出版社营销中心调换
全国免费服务热线：400-6679-118　竭诚为您服务

序

中国具有五千年文明历史，素有“礼仪之邦”之称。礼仪文明作为中国传统文化的一个重要组成部分，对中国社会历史发展起了广泛深远的影响。礼仪的内容十分丰富，涉及的范围十分广泛，几乎渗透社会的各个方面。《礼记仲尼燕居》提到，“礼之所兴，众之所治也。”礼兴盛，则国家治理繁荣稳定。2021 年是中国共产党成立 100 周年，国家第十四个五年规划的开局之年，中国以更加雄伟的身姿屹立于世界东方。伴随国家强盛，即将举办的北京冬奥会、冬残奥会将再一次向全世界展现中国的形象。

北京 2022 年冬奥会（第 24 届冬季奥林匹克运动会）是全球瞩目、中华儿女盼望已久的体育盛会和文化盛典。北京礼仪专修学院从 1990 年开始从事各类世界体育单项及综合赛事礼仪教育培训，为配合冬奥会的举办，结合自身经验，我们编写了《走进北京冬奥 相约礼仪中国》的国民礼仪读本。

本书的编写旨在提高观众观赛水平，普及冬季体育赛事观赛知识，建设文明赛场文化。全书分为冬季体育竞赛项目介绍、礼仪通识、观赛礼仪、赛会志愿者服务、志愿者助残知识等五个部分，既有理论和原则的阐述，又有丰富的实用知识介绍，力求展现出读者所应知晓的冬季竞技体育知识和需践行的基本礼仪规范。本书内容翔实，语言通俗易懂，注重科学性、系统性、操作性的统一，提出了综合大型赛事观赛礼仪的行为建议和志愿者的规范要求。

本书的出版为普及奥运礼仪知识、强化礼仪实践、形成礼仪规范和行业标准奠定了良好基础。随着时间的推移，我们将继续充实相关内容，为我国大型综合赛事仪式发展与完善贡献一份力量。

北京北奥集团有限责任公司是北京 2022 年冬奥会官方体育展示和颁奖仪式服务赞助商，在奥运史上开创了由企业作为“体育展示和颁奖仪式服务”赞助商的先例。北京北奥集团有限责任公司承担的北京 2022 年冬奥会颁奖仪式是国际奥委会为表彰运动员所获得的杰出成绩而进行的隆重、庄严、热烈的庆祝仪式，同时也是展现主办国文化的重要载体，是“讲好中国故事，传播中华文化，实现中外文明互动”的重要舞台，也是向全世界传递中国人民热爱冰雪运动、具有良好精神风貌的重要途径。在此，我们向北京北奥集团有限责任公司表达由衷的敬意！

北京礼仪专修学院创始人、院长 李柠

2021 年 11 月

目 录

第一章

冬季体育竞赛项目介绍

第一节　滑冰

一、速度滑冰

中文名称：速度滑冰

英文名称：Speed Skating

起源与发展

速度滑冰是以冰刀为工具在冰上进行的一种冰上竞速运动，简称速滑。速滑运动有着悠久的历史，早在 11~12 世纪，英国、荷兰及斯堪的纳维亚的叙事文学中都出现了将兽骨绑在脚上之后在冰上快速移动的记载。至 13 世纪中叶，荷兰出现了简易的铁制冰刀。1572 年第一副全铁制冰刀在苏格兰诞生。17 世纪的中国盛行“冰嬉”，这种运动也类似于现代的滑冰。18 世纪以来，滑冰在英格兰迅猛发展，逐渐摆脱了游

戏性质，成为一种竞技活动。1924 年，速度滑冰正式成为冬季奥林匹克运动会（以下简称冬奥会）比赛项目。

项目介绍

1. 比赛场地

冬奥会速度滑冰项目须在人工制冷的国际滑联标准 400 米场地举办。

标准速度滑冰跑道由两条直线跑道连接两条弧度为 180° 的半圆式曲线跑道组成一个封闭的跑道。最大周长为 400 米，最小周长为 333.33 米，内跑道内圈半径为 25 米，外跑道内圈半径为 30 米，每条跑道宽 5 米，直线跑道长 111.98 米。

2. 器材装备

速滑项目的运动装备有运动服（衣、裤、帽、袜、手套连在一起的紧身全连服），克莱普冰刀，臂章（内道选手佩戴白色，外道选手佩戴红色），眼镜。

比赛看点

速度滑冰项目包括男子 500 米、1000 米、1500 米、5000 米、10000 米、团体追逐、集体出发以及女子 500 米、1000 米、1500 米、3000 米、5000 米、团体追逐、集体出发等小项。

1. 看起跑

起跑时，运动员的冰刀不得越过或踏上起跑线。如果运动员有意不立即站好位置或在鸣枪之前跑出，即为犯规。如果由于某一运动员抢跑而引起另一运动员抢跑，只警告前者，不处罚后者。同一运动员在一场比赛中抢跑两次将被取消比赛资格。

2. 看滑跑

运动员在比赛时须在抽签决定的跑道按照逆时针方向滑跑，如侵入他人的跑道滑跑，则会被取消该项比赛的资格。运动员若在滑跑中摔倒，站立后可以继续滑跑，但不得妨碍他人的滑跑，否则将被取消该项的录取资格。在进出弯道及在弯道中滑跑时，不得以缩短距离为目的而触及和穿过雪线，违者将被取消录取资格。如果运动员被不属于自己的过失影响了滑跑，经裁判允许，可以让其重新滑跑，并取两次滑跑中较好的那次成绩。但如果是因为冰刀损坏或冰场不洁而影响了滑跑，则不允许重新滑跑。

3. 看交换跑道

内、外道的运动员滑跑到换道区时必须交换跑道。凡在换道区起跑的项目，开始起跑时不换道。内、外道的运动员同时到达换道区并进行滑跑时，要让外道的运动员先换进内道，处于内道的运动员必须在外道的运动员穿过后方可换道。比赛排名以最终的滑行时间确定。

二、短道速滑

中文名称：短道速滑

英文名称：Short Track Speed Skating

起源与发展

短道速滑是在长度较短的跑道上进行的冰上竞速运动。19世纪80年代，短道速滑起源于加拿大。1992年在阿尔贝维尔冬奥会上，短道速滑成为正式的比赛项目。1981年短道速滑项目被引进中国。1982年2月在北京首都体育馆举行了第一次全国短道速滑集训比赛。

项目介绍

1. 比赛场地

短道速滑场地为30米 ×60米的椭圆形跑道，场地周长111.12米，直道宽不小于7米，弯道半径8米，直道长28.85米。

场地两端弧形弯道处各摆放7个黑色橡胶块，作为标志线，运动员不得滑入标志线内。直道区则没有标志线，可以任意滑行。为确保安全，赛场四周要安置防护垫。

2. 器材装备

参赛运动员必须使用符合标准要求的长袖长裤连身比赛服，冰刀，护颈，头盔，皮革制成手套或不含羊毛的合成材料手套，软垫护膝或带有软垫的硬壳护膝，防割、防扎、耐

用材料制成的护腿。

比赛看点

短道速滑项目包括，男子 500 米、1000 米、1500 米及 5000 米接力，女子 500 米、1000 米、1500 米及 3000 米接力等小项。

短道速滑个人赛采用淘汰制，有预赛、复赛、半决赛、决赛等比赛阶段。

1. 看起跑

起跑时，运动员的冰刀不得越过或踏上起跑线，只能用冰刀的尖端触线。如果运动员有意不立即站定位置或在鸣枪之前跑出，即为犯规。如果由于某一运动员抢跑而引起另一运动员抢跑，只警告前者，不处罚后者。同一运动员在同一场比赛中抢跑两次即被取消比赛资格。

2. 看滑跑

运动员在比赛时须按照逆时针方向滑跑。运动员若在滑跑中摔倒，站立后可以继续滑跑，但不得妨碍他人的滑跑，否则将被取消该项的录取资格。在进出弯道及在弯道中滑跑时，不得以缩短距离为目的而干扰他人，违者将被取消录取资格。如果运动员被不属于自己的过失影响了滑跑，经裁判允许，可以重新滑跑，并取两次滑跑中较好的那次成绩。但如果是因为冰刀损坏或冰场不洁而影响了滑跑，则不允许重新滑跑。

3. 看终点冲刺

运动员到达终点，以冰刀触及终点线为准。如临近终点时摔倒，只要冰刀触及终点线，即可判作已到达终点，运动员摔倒后，可以伸脚力争触及终点线，但不得因此妨碍他人滑跑，否则取消其录取资格。

4. 看战术体系

接力比赛和其他单纯比较运动能力的项目不同，短道速滑的接力比赛讲究战略、战术。在接力比赛中，不同的战术具有不同的作用和效果。队员间的精彩配合也是比赛的一大看点。

三、花样滑冰

中文名称：花样滑冰

英文名称：Figure Skating

❄ 起源与发展

花样滑冰起源于18世纪的英国，后相继在德国、美国、加拿大等国家迅速开展。这是一项将滑冰运动与舞蹈艺术融为一体，具有美感、速度与激情的运动，具有极高的观赏价值，是曾经进入夏季奥运会的冬季项目。

1772年，英国皇家炮兵中尉罗伯特·琼斯撰写的《论滑冰》在伦敦出版，这是世界上第一部有关花样滑冰的著作。

1863 年，被誉为“现代花滑之父”的美国人杰克逊 · 海因斯将滑冰运动与舞蹈艺术融为一体，在欧洲巡回表演，丰富了花样滑冰的内容和形式。1868 年，美国的丹尼尔 · 梅伊和乔治 · 梅伊首次表演了双人滑。1872 年，奥地利首次举办了花样滑冰比赛。1896 年在俄国彼得堡举行首次世界男子单人花样滑冰锦标赛。1906 年，世界首次女子单人花样滑冰锦标赛在瑞士达沃斯举行。1924 年花样滑冰被列为第 1 届冬奥会的比赛项目，目前奥运项目包括：男女单人滑、双人滑、冰上舞蹈和团体赛等五个比赛项目。

项目介绍

1. 比赛场地

花样滑冰比赛是在长 60 米、宽 30 米的四角弧形长方冰场上进行的，非国际滑联举办的比赛，场地至少为 52 米 × 26 米。冰面厚度在 3 厘米至 5 厘米之间。

2. 器材装备

花样滑冰项目的运动装备包括冰鞋与冰刀，花样滑冰的冰刀与冰球冰刀最显著的不同在于前端有浅槽，上面有“刀齿”，便于完成跳跃和旋转动作。

3. 着装要求

女选手可穿短裙、长裤或连体服，裙装下着不透明的肉色紧身裤或长袜并可覆盖冰鞋。不得穿上下分开的服装，裙子前后长度要掩盖臀部；男选手则必须穿长裤，不能穿紧身裤。不得穿露胸无袖上衣和紧身裤。

比赛看点

1. 看滑行

包括用刃技术，各种跳跃、旋转和步法等。

2. 看技巧

包括滑行中的动作姿态、各种舞步的配合等。

3. 看艺术表达能力

包括对节奏感、音乐内容的理解，技巧与音乐配合的艺术表现和抒发能力等。

第二节　滑雪

一、越野滑雪

中文名称：越野滑雪

英文名称：Cross Country skiing

起源与发展

越野滑雪起源于北欧，又称北欧滑雪，是世界运动史上最古老的运动项目之一，它来源于人类生存与适应环境的需要。15 世纪以来，越野滑雪在北欧国家及俄罗斯被用于战争，但后来逐渐演变为竞技运动，1924 年第 1 届夏蒙尼冬奥会上越野滑雪成为正式的比赛项目。

项目介绍

1. 比赛场地

越野滑雪项目的雪场由开始区、赛道、更换区、接力区、结束区组成。开始区是起点线后的 50 米内，被划分成数条赛道，设有雪槽，间隔 1.2 米以上。赛道由上坡路段、波动式路段、有变化的下坡路段三部分组成。传统技术单项赛道一般设在线路中间。雪道要设置雪槽，两条雪槽分开的距离应为 17~30 厘米，深度 2~5 厘米。自由式技术比赛线路应压好，线路的下坡地段要开设雪槽。所有线路均可使用 1 次以上，但 15 千米以下的比赛雪道主要线路的使用不能超过两次。雪道应根据比赛项目分别设立蓝、紫、黄、红、绿或橙黄色醒目的标志，以指示运动员滑行的方向及路线。

在更换区中选手可以按照自己的背号找到相应区域更换滑雪板。团体比赛设有接力区，结束区在终点后 50~100 米，被划分成数条可明确区分的赛道。

2. 器材装备

越野滑雪项目的运动装备包括滑雪板、滑雪鞋、固定器、滑雪杖、滑雪服、滑行蜡和防滑蜡、护目镜、手套等。

比赛看点

越野滑雪项目分男子项目和女子项目，分别为：

- 男子 15 公里（传统技术）；

- 男子 50 公里集体出发（自由技术）；
- 男子双追逐（15 公里传统技术 +15 公里自由技术）；
- 男子个人短距离（自由技术）；
- 男子团体短距离（传统技术）；
- 男子（4×10）公里接力（2 传统技术 +2 自由技术）；
- 女子 10 公里（传统技术）；
- 女子 30 公里集体出发（自由技术）；
- 女子双追逐（7.5 公里传统技术 +7.5 公里自由技术）；
- 女子个人短距离（自由技术）；
- 女子团体短距离（传统技术）；
- 女子（4×5）公里接力（2 传统技术 +2 自由技术）。

越野滑雪比赛涉及两种技术规则：传统技术和自由技术。

传统技术又称古典式技巧，包括交替滑行、双杖推撑滑行、无滑行阶段的八字踏步、滑降以及转弯技术。比赛中，不允许有双脚或单脚的蹬冰动作，滑雪板必须放在压好的雪槽里，两个滑雪板保持与滑行方向平行，运动员运用双腿的前后摆动和滑雪仗来前进，运动员“踏步”前进时与走动类似，只是在滑雪时用雪仗产生推力，每次跨步会滑行一段距离。在超越前面运动员的时候，可以跳出雪槽改道滑行，特别是下坡和平地雪道是超越对手的黄金赛段，后面运动员想要超越的时候，可以踩前面运动员的雪板提醒他，而前面的运动员得到提醒后必须让出雪道，否则算是犯规。

自由技术又称自由式技巧，对技术动作没有限制，运动

员可以采用任何技术动作。

1. 个人计时赛

男子15公里及女子10公里为竞速赛，先到达终点者为胜。

2. 集体出发赛

分为男子50公里及女子30公里项目。出发时以组为单位，运动员排成一列横队同时出发，道次由抽签决定，到达终点时间少者名次列前。

3. 双追逐赛

追逐赛包括传统技术和自由技术，这个项目与集体出发非常相似，所有运动员列队同时出发，道次由抽签决定。前半程用传统技术，之后运动员进入运动场，更换滑雪板和滑雪杖，变为自由技术。

4. 个人短距离赛

比赛从资格赛轮开始，每隔15秒出发一位运动员，女子比赛每一圈1.2公里，男子比赛每一圈1.4公里，资格赛前30名选手晋级四分之一决赛，从四分之一决赛、半决赛、决赛B到决赛A，每一组6位选手。其中每组前两名和每一轮速度最快的两位选手晋级下一轮，直到决赛A中有六位选手竞争最后的金牌。

5. 团体短距离赛

团体赛短距离赛每队两名选手，轮流滑行，每人滑行3次，共滑行6圈。

6. 接力赛

分为男子 4×10 公里和女子 4×5 公里两个项目。每队由 4 名运动员参赛，第 1、2 位运动员使用传统技术，第 3、4 位运动员则使用自由技术。以全队滑完全程所用时间总和计算成绩和名次。

二、跳台滑雪

中文名称：跳台滑雪

英文名称：Ski Jumping

起源与发展

跳台滑雪是以滑雪板为工具，在专设的跳台上以自身的体重通过助滑坡获得的速度，完成长距离跳跃的雪上竞技项目。跳台滑雪运动起源于挪威。1924 年被列入第 1 届冬奥会比赛项目。在过去的一百年里，跳台滑雪技术有了巨大的发展，不同的跳台技术使跳台运动员能够达到更远的距离。

项目介绍

1. 比赛场地

跳台滑雪场地分为标准台和大跳台，一般有助滑坡、跳台、着陆坡、终止区等部分。每个场地都有自身特色，没有完全相同的跳台。

2. 器材装备

跳台滑雪项目的运动装备包括滑雪板、滑雪鞋、超薄滑雪服、头盔、滑雪手套、滑雪镜等。

比赛看点

跳台滑雪要求运动员在不使用雪仗，不借助任何外力的情况下，依靠自身体重量获得飞行速度，在空中滑翔，最后平稳落地，这不仅考验运动员的运动技巧，更是对运动员胆量与心态的考验，因此它也被称为“勇敢者的游戏”。

跳台滑雪比赛分为标准台、大跳台和团体赛。标准台比赛先进行，然后依次是大跳台和团体赛。标准台与大跳台之间应有 4 天的比赛间隔，目的是给运动员提供充分的准备时间。每项比赛进行两轮（即每名运动员跳两次），以两次比赛得分相加之和（团体以 4 名运动员两次比赛所有得分相加之和）计算成绩，得分多者名次列前。计分项主要包括飞行距离分和完成姿势分。

三、北欧两项

中文名称：北欧两项

英文名称：Nordic Combined

起源与发展

北欧两项由越野滑雪和跳台滑雪两项运动组成，又称北欧全能。曾在挪威和瑞典流传很长时间，于 20 世纪初广泛传播，在 1924 年第 1 届冬奥会上成为正式比赛项目。

项目介绍

北欧两项是冬奥会上唯一没有女子参赛的项目，因为该项目对身体素质要求极高，女性参加危险性大。

北欧两项设置有 3 个小项，均为男子项目，分别是个人标准台与 10 公里越野滑雪，个人大跳台与 10 公里越野滑雪，团体大跳台与 4 × 5 公里越野滑雪接力。比赛场地与器材装备见前文“越野滑雪”与“跳台滑雪”两项介绍。

比赛看点

北欧两项共比赛两天，第一天为跳台滑雪，第二天为越野滑雪。它既包括了跳台滑雪的精彩刺激，又包括了越野滑雪的体能挑战，非常考验运动员的身体呈现及其体能储备，是一项完美展现了运动员速度、力量、技巧、耐力的冬季运动，具有

很强的观赏性。

四、高山滑雪

中文名：高山滑雪

外文名：Alpine Skiing

起源与发展

高山滑雪，因有说法称其起源于阿尔卑斯地区，故又称阿尔卑斯滑雪。特定的地理环境产生特定的生存方式，经常处于冰天雪地的北欧地区早在五千多年前就已经出现了滑雪运动，与其他起源于欧洲的冰雪运动类似，它也由原始狩猎演变而来，逐渐成为人们的出行方式。有“滑雪运动之都”之称的挪威奥斯陆还保存有最早的滑雪板。随着人们对平地滑雪技术的不断掌握，北欧人开始在高山丛林中体验滑雪的乐趣，高山滑雪由此开端。在 1936 年第 4 届冬奥会中首次被列为冬奥项目。

项目介绍

1. 比赛场地

高山滑雪场地分为竞技滑雪场地和大众滑雪场地。竞技滑雪场地有滑降、回转、大回转、超级大回转等线路。滑降场地要求平坦、宽敞，线路宽至少 30 米，允许保留天然的转

弯、斜坡和逆坡，但不要有连续的起伏而造成连续腾空现象，从起点起，在不撑杖的情况下，能顺利滑到终点。线路的高度差男子为 800~1000 米，女子为 450~800 米。

不准有小回转式的小转弯，在陡峭或急转弯处要设置限制门以控制平均速度，并设置安全网。

回转场地线路宽至少 40 米，33~45 度的急陡坡要占全线路的 1/4。全线路不要形成直线式或单调大转弯。线路的高度差男子为 180~220 米，女子为 140~180 米。两次竞赛的线路要安排在同一山坡上。大回转场地地形最好是波浪式的起伏地带，在自然转弯的前提下，尽量使大、中、小转弯能巧妙地结合起来，线路宽至少 40 米。线路高度差男子为 300~450 米，女子为 300~400 米。超级大回转场地要求接近大回转，线路高度差男子为 400~650 米，女子为 400~600 米。

2. 器材装备

高山滑雪项目的运动装备包括：高山滑雪板、高山滑雪鞋、固定器、高山滑雪杖、高山滑雪服、高山滑雪手套、滑雪头盔等。

❄ 比赛看点

高山滑雪设 11 小项：单人项目有 5 种，全能、滑降（又称速滑）、回转、大回转和超级大回转，分男女；此外还有男女混合团体项目。

在高山滑雪比赛中，不同项目起点与终点的垂直高度差亦有不同。单人项目比赛均采用单人出发，出发的顺序通过抽签决定，但有的项目需要滑两次，第二次出发的顺序由第一次比赛的成绩确定。出发的间隔一般为 60 秒，只有回转项目采用不等时出发。出发时，运动员必须身穿有正式铅封标志的运动服，头戴出发号码布，脚穿滑雪板，手持滑雪杖，同时必须使用脱离式固定器。高山滑雪主要分速度系列和技术系列两部分。速度系列分滑降和超级大回转。比赛按一次滑行成绩决出名次。技术系列分大回转和回转，名次按两次成绩合计计算。

高山滑降要求运动员从山顶按规定线路穿过旗门向下滑行，以滑行时间计算成绩，决定名次。技术动作有直滑降、斜滑降、乙形滑降、起伏地滑降、犁式和半犁式滑降等。身体姿势分高、中、低三种。

五、自由式滑雪

中文名称：自由式滑雪

英文名称：Freestyle Skiing

起源与发展

自由式滑雪是以滑雪板和滑雪杖为工具，在专门的滑雪场上完成系列规定和自选动作的雪上竞技项目。自由式滑雪始于 20 世纪 60 年代的美国，是在高山滑雪基础上发展而成。自由式滑雪结合了速度、表演技巧并能表现运动员在滑雪时进行空中操纵的能力。在 1986 年被纳入冬奥会表演项目。1992 年正式被列为冬奥会比赛项目。

项目介绍

1. 比赛场地

雪上技巧场地长 200~270 米，宽 15~25 米，坡度为 24~32 度。场地平均铺设雪包，中间设有两个跳台。障碍追逐场地标高差 130~250 米；长度 1050 米（± 150 米）；平均倾斜度 12 度（± 2 度）；斜坡宽 40 米；跑道宽度 6~16 米，其中包含回转、跳跃、波浪和其他形式地貌。U 型场地倾斜度 17~18 度；长度不小于 150 米，推荐长度 170 米；半圆筒宽 19~22 米，高 6.7 米。坡面障碍技巧场地标高差不得小于 150 米，斜坡的平均倾斜度须达到 12 度以上，宽不得低于 30 米，障碍选项不得少于 6 个，跳台不得少于 3 个。空中技巧场地由助滑坡、过渡区一、跳台、过渡区二、着陆坡、停止区几部分组成。

2. 器材装备

自由式滑雪大跳台项目的运动装备包括：滑雪板、滑雪杖、滑雪服、滑雪鞋、头盔、护目镜、手套等。

比赛看点

自由式滑雪是选手们在斜坡上自由滑降，通过表演空中

技巧来比拼艺术性的比赛，也被称为雪原的杂技。与比拼速度的高山滑雪不同，其最大特征是能欣赏到选手们华丽的空中技巧，如后空翻、转体等。冬奥会上分设雪上技巧、空中技巧、U 型场地技巧、障碍追逐与坡面障碍技巧等项目。

1. 看空中技巧

运动员可以根据战术选择不同难度的跳台，但每个跳台都有指定的基本动作。选手可以在基本动作上加添其他空中技巧动作。

2. 看雪上技巧

在雪坡陡坡线路上进行的回旋动作、空中动作及滑降速度等。

3. 看障碍追逐

障碍追逐是集体出发进行比赛的项目。运动员在各种地形障碍构成的赛道上竞速，首轮通过计时决定资格，之后由每组 4 或 6 名运动员同时出发，前 2 或 3 名运动员进入下一轮角逐，直至决出全部奖牌。

4. 看 U 型场地技巧

运动员在自由式滑雪 U 型场地从倾斜的半圆筒形斜坡往下滑，并展现跳跃、回转等空中技巧的完成度。

5. 看坡面障碍技巧

运动员在由桌子、轨道、箱子、墙壁及跳台构成的赛道上滑行并展现跳跃、回转等空中技巧。

6. 看大跳台

自由式滑雪大跳台的动作观赏性强，给人带来的视觉冲击很大，大跳台考验运动员观察、随机应变和自我控制的能力。大跳台运动员追求在大的空间里做出高难度的动作，能够给裁判以及观众带来一场视觉的盛宴。

六、单板滑雪

中文名称：单板滑雪

英文名称：Snowboard

起源与发展

单板滑雪，又称滑板滑雪。是一项以滑雪板为工具，在规定的山坡线路上快速回转滑降，或在特设的 U 形场地内凭借滑坡起跳，在空中完成各种高难度动作的雪上竞技项目。

单板滑雪起源于 20 世纪 60 年代的美国密歇根州，从 1998 年开始，单板滑雪的高山大回转和“U”形场地雪上单板技巧成为正式比赛项目。1994 年，单板滑雪被列入冬奥会正式项目。

单板滑雪大跳台是指运动员穿单雪板从大跳台滑行而跃入空中表演各种空翻、回转等空中技术的项目，2015 年被列为冬奥会正式比赛项目。

项目介绍

1. 比赛场地

U 型场地技巧的场地为 U 形雪槽，平均坡度为 18 度；推荐长度为 170 米，而不得短于 150 米；半圆筒须宽 19~22 米，筒深须达到 6.7 米。平行大回转场地高度落差为 120~200 米，全长 400~700 米，设置 18~25 组旗门，分为蓝旗旗门与红旗旗门，将赛场分出两条赛道；平均坡度须为 16 度（± 2 度）；坡道宽度至少为 40 米。障碍追逐场地高度落差 130~250 米；赛道长 1050 米（± 150 米）；平均坡度 12 度（± 2 度）；坡宽 40 米；赛道宽 6~16 米。坡面障碍技巧赛道垂直落差最少为 150 米，平均坡度应在 12 度以上，赛道宽度至少应为 30 米，由 6 个以上赛段，3 个以上的跳台构成。

2. 器材装备

单板滑雪大跳台项目的运动装备包括：单板滑雪板（分为竞技型板、多功能型板、自由式板），单板滑雪鞋，固定器，滑雪服，帽子，滑雪护目镜，手套，全系列护具等。

比赛看点

单板滑雪包括 U 型场地技巧、障碍追逐、坡面障碍技巧、平行大回转和大跳台等项目。

1. 看 U 型场地技巧

比赛中运动员通过动作的高度、难度、表现等整体效果

获得裁判打分。运动员在U形滑道内，不停地从一侧滑向另一侧，边滑行边伴随音乐旋律做各种旋转和跳跃动作，一般需要完成5~8个造型。

2. 看障碍追逐

运动员滑行通过一系列障碍，如波浪道、雪坝、小跳台等，发令员发出出发信号后，运动员方可从出发门出发。若运动员自己操纵出发门或在出发信号发出前试图穿越出发门将被取消比赛资格。若因技术故障导致出发门没能打开，应该重新出发。在比赛过程中，无法避免的身体接触是允许的，但有意地推、拉或者用其他方法来使别的运动员减速、摔倒或离开雪道都是不允许的，将被自动剥夺资格，其成绩自动排在该组最后。

终点的名次由身体和雪板最先通过终点线的顺序决定。如并列，将依据资格赛的最快成绩进行排名；如资格赛最快成绩相同，则将两次资格赛用时相加排名；如果还相同，号码高者将排在前面。

3. 看坡面障碍技巧

比赛中运动员以坡面、回转、旋转、跳跃方式，通过由多种地形及障碍物组成的赛道，裁判对运动员从起跳到着地的控制能力、动作流畅度、动作稳定性、动作组合与场地利用等进行评分。

4. 看平行大回转

出发时，运动员不允许撞门出发，若运动员自己操纵出

发门或运动员的雪板在出发信号发出以前穿过起点标志则为出发犯规。运动员的板尖和双脚都通过旗门，算正确通过。出发犯规、不管是有意还是无意的干扰对手、没有正确通过旗门、没有在旗门的外侧进行转弯、没能至少一只脚固定在雪板上完成比赛的运动员，都将被取消比赛资格。最终以滑行时间评定名次。

5. 看大跳台的技巧

看大跳台的比赛选手从高处滑行而下通过大跳台起跳，表演各种空翻、回转等空中技巧。

第三节　冰球

中文名称：冰球

英文名称：Ice Hockey

起源与发展

现代冰球运动起源于 19 世纪五六十年代的加拿大。每当冬季来临，加拿大金斯顿地区的一些体育爱好者就集聚在冰封的湖面上，手中拿着曲棍，脚上绑着冰刀，互相追逐击打小圆木球，冰面上用两根竖起的木棍作为球门，得分方式为击球进门。加拿大早期的冰球比赛没有统一的规则，比赛也缺乏严格的组织。参加比赛的人数不限，最多时每队达 30 人，场面十分混乱。裁判员可由运动员挑选，并随意进行更换。

1879 年，加拿大麦克吉尔大学的史密斯教授和学生罗伯逊第一次制定了冰球比赛规则，将比赛人数限定为每队至多9人。

男子冰球在1920年首次出现在夏季奥运赛场，自1924年冬、夏季奥运会分开举行起，冰球成为冬奥会的主要项目之一。

项目介绍

1. 比赛场地

标准冰球场地长61米，宽30米，场地四周围以高1.19~1.22米的木质或可塑材料制成的牢固界墙。除场地正式标记外，全部冰面和界墙内壁均为透明白色。冰球门宽1.83米，高1.22米，球门内最深处不大于1米。球场中间有一条贯穿的红线叫作中线，这条线将球场一分为二，己方球门所在半场为本方半场，称为后半场，对方半场称为前半场。中线两侧各有一条蓝色分区线，将球场分为三个区域，从己方球门起依次为攻区、中区和守区。

2. 器材装备

包括冰球、冰鞋、护具、冰球杆等。冰球一般用硫化橡胶制成，外壳厚2.54厘米，直径7.62厘米，球重为156~170克。冰鞋为高腰型，鞋头、鞋帮、两踝、后跟等外层均为硬质。前面的长鞋舌加上硬实的高腰，可将脚踝箍紧，帮助运动员支持身体和发力。冰鞋原为优质牛皮缝制，20世纪六七十年代出现全塑料模压鞋。现国际上多用尼龙纤维鞋帮、塑料底的冰球鞋。这种鞋比皮制鞋轻、坚硬、耐湿，适合室内冰场使用。为防止在紧张激烈的对抗中受伤，运动员全身穿戴护具。护具包括头盔、眼镜、护胸、护肘、手套、护腿等。20岁以下队员需带全护面罩。守门员戴有特制的面罩、手套，加厚的护胸及加厚加宽的护腿。球杆用木质材料制成，从根部至杆柄端不能长于 147 厘米。杆刃不得长于 32 厘米，宽为 5~7.5 厘米。守门员球杆杆柄的加宽部分从根部向上不得长于 71 厘米，不宽于 9 厘米，杆刃长不超过 39 厘米，宽不超过 9 厘米。为了减轻重量现已有碳素材料所制的球杆，在长宽不变的情况下重量减轻，更容易让选手发挥。

比赛看点

冰球运动将多变的滑冰技艺和敏捷娴熟的曲棍球技艺相结合，是对抗性较强的集体冰上运动项目之一。冰球运动的基本技术包括滑跑技术和与足球运动相近的攻防技术。

1. 看开球点

红色中线最中间有一个蓝色点，这就是开球点。每局比赛开始或者射中球门以后，双方都要在这个点上争球，以此开始下面的比赛。

2. 看争球点

场地上还有另外 8 个点，称为争球点。比赛中，如果攻队队员由本队半场将球直接打过对方球门线形成“死球”，裁判员要鸣笛停止比赛，把球拿回到攻队的守区争球点，双

方争球，重新开始比赛。

3. 看技战术

冰球战术有进攻、防守和以多打少或以少打多等战术。根据战术风格有欧洲型打法和北美型打法。前者强调配合，战术多变；后者偏重个人技术，强调强行突击。

4. 看进攻技术

进攻技术中最重要的是射门技术，有挑射、拉射、击射、补射、弹射等射门方法。

5. 看攻防技术

冰球攻防技术有控制球、传接球、过人、争球、射门等进攻动作和阻截、抢球、合法冲撞和守门员动作等各种防守技术。

6. 看越位

在球没有进入攻区之前，攻队队员不能先于球进入攻区，否则就是越位。此时，裁判员要鸣笛停止比赛，把球拿回到中区争球点重新争球开始比赛。

7. 看合理冲撞

比赛中，运动员可以用肩、胸、臀冲撞对方控球队员，但不得滑行三步以上或跳起来进行冲撞，也不得从背后或距离界墙 3 米以内向界墙方向猛烈撞，否则就是非法冲撞。凡是非法冲撞者，裁判员将视情节对其进行 2 分钟小罚或者 5 分钟大罚及附加 10 分钟违例，严重者将被判罚为严重违例或

者取消比赛资格。

因为冰球比赛速度极快，运动员手中又有冰球杆，场上竞争局面如果不得到适度控制，就会出现极不文明甚至危险的情况。因此，按规定下列动作都不允许出现：用手推人、抱人，用腿绊人，用肘顶人，用杆钩人、绊人，横杆推阻，将杆举过肩部以上，持坏杆参加比赛，向场外投掷球杆，用杆打人，用杆头刺人或杵人。出现以上现象，裁判员将视情节给予小罚、大罚、违例或严重违例的处罚。

第四节　冰壶

中文名称：冰壶

英文名称：Curling

起源与发展

冰壶是以队为单位在冰上进行的一种投掷竞赛项目，被喻为冰上的“国际象棋”，它考验参与者的体能与脑力，展现动静之美，取舍之智慧，属于冬奥会正式比赛项目。

冰壶运动起源于16世纪的苏格兰。1838年，创立于19世纪初的著名的苏格兰冰壶俱乐部为这项运动制定了正式的比赛规则。从此，冰壶作为一项冬季运动，在欧洲和北美逐渐开展起来。

冰壶在1924年夏蒙尼冬奥会上首次作为表演项目亮相。后在1932年、1936年、1964年、1968年以及1992年，共6次被列为冬奥会表演项目。在1998年日本长野冬奥会上冰壶被列为冬奥会正式比赛项目。

项目介绍

1. 比赛场地

冰壶比赛场是一个长45.72米，宽5米的冰道。冰道的一端画有半径为1.83米的圆圈作为球员的发球区，称作本垒。另一端为营垒，由4个直径从小到大的同心圆构成。冰壶场地并不是水平的，横截面是U型。

2. 器材装备

冰壶项目的运动装备，包括冰壶刷、冰壶、比赛用鞋。比赛时，运动员要身着运动服，脚穿比赛鞋（或鞋套），比赛鞋（或鞋套）两脚的底部不同，蹬冰脚鞋的底部黏有保护层，而滑动脚鞋的底部则为滑板。冰壶是比赛最重要的器械，它是由不含云母的致密花岗岩打磨而成的。

比赛看点

一场比赛由10个“终点”或投球回合组成。当4位队员分别完成两次掷壶后一局比赛结束。一支球队在营垒中可以有一个或几个离中心最近的壶，因此可相应得分。在所有比

赛结束后，积分最多的球队是赢家。

1. 看掷球

球员掷球时，身体下蹲，蹬冰脚踏在起蹬器上用力前蹬，使身体跪式向前滑行，同时手持冰壶从本垒圆心推球向前，至前卫线时，放开冰壶使其自行以直线或弧线轨道滑向营垒中心。掷球队员在力求将冰壶滑向圆心的同时，也可在主力队员的指挥下用冰壶将对方的冰壶撞出营垒或将场上本方的冰壶撞向营垒圆心。

2. 看刷冰

在冰壶比赛中，冰壶掷出后，己方的刷冰员用冰刷擦拭冰面使冰面温度升高，造成冰面融化，在冰场表面形成一层水膜，减小摩擦力，帮助冰壶滑行。掷壶方的刷冰员可在两圆心线间为己方的冰壶刷冰。但在圆心线之后，本方队员不得继续刷冰，同时对方球员可以在冰壶前刷冰。

第五节　冬季两项

中文名称：冬季两项

英文名称：Biathlon

起源与发展

冬季两项由越野滑雪和射击两种竞赛项目结合，要求运动员有由动转静的能力，该项目被称为“动与静”的完美结合。冬季两项起源于18世纪的斯堪的纳维亚半岛，据记载，冬季两项可追溯到古代的滑雪狩猎，考古发现早在4000年前就出现了两人足蹬雪板，手持棍棒追捕野兽的石雕。中世纪时它被作为军队训练项目。经过漫长的发展演变，滑雪射击作为竞技比赛逐渐在欧美国家开展。1924年滑雪射击项目以军事项目的身份进入第1届冬奥会，此后3次进入奥运表演项目，

但在二战之后，这一项目逐渐退出奥运舞台，直至 1960 年，冬季两项才被正式列为冬奥会比赛项目。

项目介绍

1. 比赛场地

冬季两项场地包括设施区和雪道区两个部分。设施区由起/终点区、射击场、处罚圈、接力交接区等组成。由各种上坡、下坡等自然起伏的地段组成，要避免过长、过陡的上坡、难度过大的下坡以及单调、过长的平地。线路上的雪面要经过机械或人工捣固、踏压，厚度至少 10 厘米。起点、射击场和终点设在平坦的场地上，并尽量设置在一起。全段线路海拔高度不得高于 1800 米。雪道宽度为 5 米，并要设置雪槽。

2. 器材装备

雪板、雪鞋、滑雪杖、滑雪专用服装、帽子、手套、防护镜、步枪等。

比赛看点

比赛时，运动员身背专用小口径步枪，脚穿滑雪板，手持滑雪杖，沿标记的滑道，按正确的方向和顺序滑完预定的全程。每滑行一段距离进行一次射击，最先到达终点者获胜。在比赛中越野滑雪采用自由式，立射时选手必须先停下脚步，将雪仗放在地上才能射击，卧射时选手需将肘部支撑在地上射击。

在个人项目和短距离赛中，选手可以选择靶位。在追逐赛和集体出发赛中，率先抵达射击点的选手进入 1 号靶位，第二个到达的进入 2 号靶位，以此类推。冬季两项参加比赛运动员的射击用枪口径不得大于 8 毫米，不准使用自动步枪和光学瞄准镜。滑雪时枪膛中不能装有子弹，只有在进入射击位置后，才能将弹夹装在步枪上。在短距离、追逐赛、接力赛、集体出发项目中如果选手有一发子弹脱靶，加罚滑行 150 米圈道一圈，在个人赛中则将在实际用时之上再加 1 分钟。

以正确的方向和顺序滑完预定的全程，比赛结果由到达时间和射击情况决定。

第六节　雪车

一、雪车

中文名称：雪车

英文名称：Bobsleigh

起源与发展

雪车也称“有舵雪车”，是一种运动员集体乘坐可操纵方向的雪车在冰道上滑行的运动项目，由无舵雪橇发展而来。在 1924 年第 1 届冬奥会上就是正式比赛项目。

雪车用金属制成，形如小舟，车首覆有流线型罩，因此也得名“雪地之舟”。车底前部是一对舵板，上与方向盘相接，车底后部为一对固定平行滑板，车尾装有制动器。

项目介绍

1. 比赛场地

雪车滑道长 1200~1650 米，平均倾斜度为 4~8 度，曲线半径在 20 米以上。赛道须设有欧米伽弯道、全旋弯道、曲径弯道等转弯地形。

2. 器材装备

雪橇的运动装备包括比赛服、护肩、护肘、头盔和专用钉靴。钉靴的靴钉为刷型并均匀分布于靴底。靴钉的长度不超过 14 毫米，间隔不超过 3 厘米。

比赛用雪车呈船型，两人座雪车长不得超过 2.7 米，宽最多 0.67 米，滑橇板宽度 8 毫米。双人座雪橇比赛时，总重量不得超过 390 公斤（女子项目为 340 公斤）。四人座雪车最长 3.8 米，宽最多 0.67 米，滑橇板最小宽度为 12 毫米。四人座雪车总重量不得超过 630 公斤，重量不足可携带其他加重物补足。

比赛看点

每赛次滑行 4 次，以 4 次比赛的累计时间计算成绩，时间少者名次列前。遇两队时间总和相等时，以任一单次滑行用时最少的队为胜方。

每个小项赛期两天，每天进行两次。首轮出发顺序由抽签决定。从第二轮起，出发顺序由前一轮的最后一名先出发，

接着依次下排。出发前，雪橇距起点线15米。出发信号发出后，由选手在起点处手推雪橇奔跑起动，推行距离大概在50米，然后选手跃入座位，前座的人掌舵，最后入座的人负责制动。到达终点时选手均须在座位上，否则成绩无效。

雪车之所以引人入胜，是因为它在高速滑行的时候，选手距离地面非常近，在设计好的滑道里，那种风驰电掣般的高速行驶场面充满速度与激情。

二、钢架雪车

中文名称：钢架雪车

英文名称：Skeleton

起源与发展

钢架雪车也称卧式雪橇、俯式冰橇，是以雪橇为工具，借助起滑后的惯性从山坡沿专门构筑的冰道快速滑降的一种冬季运动，最高速度可达每小时130公里。

钢架雪车在19世纪发源于瑞士山区的小城圣莫里茨，是在传统雪车的基础上延伸出来的一种运动项目。第一次的钢架雪车比赛在1884年举行，参赛者是在结冰的道路上比赛，从圣莫里茨滑到塞勒里那，获胜者得到一瓶香槟当作奖赏。

钢架雪车于1928年冬奥会中成为正式比赛项目，但因此项运动危险性极高，因此长时间被列在比赛项目之外，直至2002年盐湖城冬奥会才被再次确立。

项目介绍

1. 比赛场地

滑道全长1200~1650米，平均倾斜度为4~8度。弯道部分的半径必须在20米以上，滑道的护墙最少不得低于50厘米。

2. 器材装备

钢架雪车项目的运动装备包括：钢架雪车、长钉鞋（鞋底长钉不得超过8根）、头盔、比赛服、手套等。

比赛看点

钢架雪车的规则为，选手只能以俯卧式进行比赛，出发时选手排列在起点等候，依照出发顺序出发，出发的灯号亮起之后，选手须在30秒之内完成出发动作。出发时选手须将钢架雪车推向前，将雪车加速之后，迅速登上雪车完成比赛，出发动作必须全部由选手自行完成，不得借助他人之力。中途允许掉落雪车，但在通过终点时，选手必须在雪车上才算完成比赛。

钢架雪车所用的比赛滑道与雪橇相同，不同的是器材和滑行姿势。雪橇选手是仰躺在雪橇上，脚在前头在后。钢架雪车则是相反，选手俯卧在雪橇上，头朝前脚在后。这对于运动员的心理素质和控制能力有极大的挑战，同时也会带给观众极致的观赛体验。

第七节　雪橇

中文名称：雪橇

英文名称：Luge

起源与发展

冬奥会的雪橇比赛采用无舵雪橇，无舵雪橇也称北欧冰橇、平底雪橇、运动雪橇或短雪橇。雪橇运动需要运动员操控无舵雪橇以超高速度从冰道上飞驰而下，对于运动员的驾驶技术和反应有着极高的要求。和雪车不一样的是，运动员在滑行过程中如果出现失误的话，雪橇是起不到保护作用的。

据记载，早在 1480 年挪威就已出现无舵雪橇。第 1 届国际雪橇赛事于 1883 年 2 月 12 日在达沃斯举行，当时运动员在达沃斯和克洛斯特斯镇之间 4 公里长的赛道上比赛。1964 年第 9 届因斯布鲁克冬奥会上，这个项目被列入正式比赛，

男女分开进行。

项目介绍

1. 比赛场地

冬奥会雪橇比赛滑道与雪车、钢架雪车为同一滑道。男子项目滑道长 1000~1350 米，女子项目为 800~1200 米。路线形状除直线外还应有左弯道、右弯道、S 形弯道等。为保证运动员安全，两侧设有不低于 50 米的护墙。

2. 器材装备

无舵雪橇项目的运动装备包括：无舵雪橇、关节处与指尖部分装有 4 毫米尖锐钉子的手套、头盔、比赛服、脚套等。

比赛看点

与许多极限运动一样，无舵雪橇竞技运动有着极大的感官刺激。雪橇单座重量不准超过 20 公斤，双座不准超过 22 公斤。比赛途中运动员可以掉下雪橇，但在到达终点时，运动员须坐在雪橇上，否则不予计算成绩。

运动员在一次比赛中要滑行 4 次，分两天比赛，每次滑行两次，首轮的出发次序是以抽签决定的。之后的出场名次是按上一轮成绩而定，最差的一组会先出发。在 4 轮完毕后，会以 4 次滑行中到达终点的时间累计，得到最终的成绩，数字愈低，排名愈高。若出现相同时间，则以最快时间完成单次的一队为优胜。

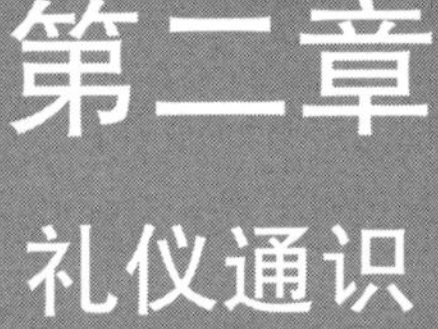

第二章

礼仪通识

第一节　日常礼仪规范

一、礼仪的意义与重要性

崇尚礼仪是中华民族的优良传统。古代社会的交往、礼仪规范，是古人在长期共同生活中逐渐积累起来的。

孔子说："礼者，即事之治也，君子有其事必有其治。"《礼记·曲礼》中解释礼的含义为："夫礼者，所以定亲疏、决嫌疑、别同异、明是非也。礼，不妄说人，不辞费。礼，不逾节，不侵侮，不好狎。"管子说："仪者，万物之程式也，法度者，万民之仪表也，礼义者，尊卑之仪表也。"由此观之，礼仪是人与人之间相处的规范，也是法制规范的润滑剂，同时也是国际社会中国家和国家，政府和政府，人民和人民的来往所需要遵行的交往规范。

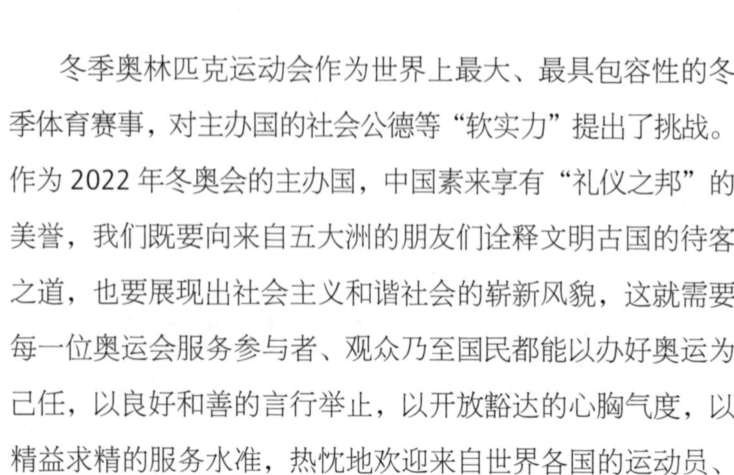

冬季奥林匹克运动会作为世界上最大、最具包容性的冬季体育赛事，对主办国的社会公德等“软实力”提出了挑战。作为 2022 年冬奥会的主办国，中国素来享有“礼仪之邦”的美誉，我们既要向来自五大洲的朋友们诠释文明古国的待客之道，也要展现出社会主义和谐社会的崭新风貌，这就需要每一位奥运会服务参与者、观众乃至国民都能以办好奥运为己任，以良好和善的言行举止，以开放豁达的心胸气度，以精益求精的服务水准，热忱地欢迎来自世界各国的运动员、裁判员、官员。

不过，改善、提高整个民族的文明风貌不是一朝一夕的事情，它是一个长时间渗透、熏陶的过程。随着社会的发展，我们应逐渐改变社会生活中的不文明现象；如果大家都能够“从我做起、从现在做起”，整个社会的文明风尚将会有很大的改观。所以说，作为奥运会的主办国，重视并学习文明礼貌知识是非常有必要的。其根本意义在于振奋民族精神，增强民族自豪感和民族责任感，提高民族自尊心和民族自信心，提高公民循法守礼、尊重社会行为规范的意识和能力。

2022 年第 24 届冬季奥林匹克运动会是中国继成功举办第 29 届夏季奥林匹克运动会后再次承办的奥林匹克运动会。

为进一步传承奥运精神，建设文明北京，营造文明观赛的良好环境，自 2021 年 3 月以来，首都文明办与相关志愿服务团体共同组织开展了多场“助力冬奥文明观赛”的宣传活动，传播“热情助威、人走场净”的观赛理念。

二、社会交往中的基本礼仪

中国的礼仪文化渊远流长，今天我们舍弃那些已完全不适应时代的繁文缛节，继承发扬在当今社会生活中仍具有积极意义的社会交往礼仪，如恭敬热忱，礼让尊重，和善宽容，先人后己等。

社会交往中的仪表、仪容、仪态、谈吐是一个人文明修养程度的标志。美好的仪表、仪容、仪态与谈吐不仅能够维护个人尊严、获得他人敬意，而且有助人际关系的和谐、群体的团结和事业的成功；不仅能够促进个人道德境界的提高，更会对社会进步产生积极的影响。

在社会交往中讲究文明礼仪，实际是一种积极的生活态度，它蕴涵着对己、对人高度负责的精神，旨在形成和谐的社会人际关系。

1. 以积极心态面对社会生活

在公共场合不守秩序、不讲礼貌等不文明现象多由各种因素引发，如不满自身生活现状、情绪不佳、自身修养不够等。在社会生活中人们的道德品性和文化素养参差不齐，同处某个狭小的社会环境中，难免发生各种摩擦、冲突，怎么办？此时大家应以积极的心态面对社会公共生活，把创造愉悦的人文环境视为自己的一种社会责任；面对社会公共生活中非属他人恶意的行为应有豁达的情怀；这样在社会生活中就不

会总以焦躁、抵触、计较的负面情绪面对他人；不会总为鸡毛蒜皮的小事，过分在意他人无心的疏忽。一旦发生纠纷应学会换位思考，礼让、宽容他人。

在社会公共生活中应诚信守约、严己宽人、尊老爱幼、谦恭礼让、以德交友、自律改过；如果大家都努力以积极的态度对待生活，这样不文明的社会现象就会大大减少，每个人的生活和心情就会充满阳光。

2. 公共场合要有包容他人的涵养

在公共场合，应有包容、体谅、宽恕他人的涵养。因地域、环境不同，人们的文化、生活习俗、行为表达形式有着很多差异；每个人都要有胸怀去包容、学习其他文化，切忌排斥与歧视。

在公共生活中，每个人不但要公正、诚信、节制，还要有理智的群体关系意识。既要有私德，又要有公德，如果能建立这样的公共关系，社会交往中的很多不得体行为，可能就会被自律所约束，进而减少它们发生的可能。要明白人们彼此间的争吵、摩擦并不是对方不讲理，做错了什么，只是目前的状况与自己的好恶习惯产生了冲突。如果大家努力培养在公众场合的文明意识，社会交往中不理智的行为就会大大减少，社会就会更加和谐、有序。

3. 表达谢意有利于和谐沟通

对他人给予的帮助表示谢意是对他人的尊重，更是对自己的尊重。生活中每一个人都离不开他人的关心、帮助、礼让、迁就，这时对于别人的善意，诚恳地说声“谢谢”是非常必要的。接受他人关心、帮助、礼让、迁就也应考虑到对他人表示感谢，如让座位给我们的人，他们辛勤地工作了一天，身体很疲惫，他们更需要休息。这时如果自己很心安理得地接受别人的帮助，而没有应有的答谢，是非常不妥的。在各种社会生活中简单的“谢谢”两个字，会让给予他人善意、关爱的人心情舒朗，激励他们继续关怀、照护他人。道谢不仅是社会生活中的基本礼仪，也是人与人之间和谐沟通的桥梁。

4. 讲秩序体现出对他人的尊重

在社会生活中共创良好社会公共秩序是非常重要的。谈及秩序，许多人以为不就是排个队么！其实并非如此简单，社会生活中的公共秩序体现在多个层面，首先是人对自然和公共环境的尊重，如对环境的保护、对公共设施的爱护、对建筑物以及历史文化遗迹的维护等，这些属于社会公共秩序范畴，体现了社会文明的崇高境界；其次是人对生命的尊重，即珍爱、善待、不遗弃、不践踏其他生命物种的生存尊严等；最后是人与人之间的互相尊重，包括人与人之间的诚信、孝慈、谦敬、宽恕、礼让、持节、知耻、节制等；这些是人们相生相伴、和睦相处、秩序生存的基本行为规范。

自觉遵守社会生活公共秩序是公民的社会责任和社会义务。社会生活参与者的良好自律将会使有限的社会公共设施发挥出最大的社会效应。

在一些特殊场所均设有黄色的“一米线”，如机场、银行等；它明确划定了公民等候的位置，是为保护公民私密信息及财产安全而专门设置的，体现出人文关怀。每一个人应责无旁贷地遵守规则。

5. 城市公共设施的完好反映公民修养

公共设施分为旅游、文化、体育、医疗、市政、社会、消防、安全和防洪防灾等设施。无论何种公共设施，都是公共财产。保护公共设施就是保护每一位公民的切身利益和安危。对那些损坏公共设施的行为，我们应予以制止。

公共设施管理不仅是政府职能部门的一项工作，也是公民的社会责任。确保公共设施的安全，若仅依靠政府监管是有难度的，因此需要每一位公民的参与。城市公共设施的完好从侧面反映了公民文明程度。保护公共设施，共同维护美丽家园是每位公民必须遵守的社会公德，勿将制止破坏公共设施的行为当成是管闲事，只有每个人都“从我做起”，完好的公共设施才会给每一位公民提供最大的方便。

6. 公共场所尽量保持安静

在听觉公共空间的意义上，降低噪音的分贝，减少对别人不必要的干扰，维护空间环境的安静也是人们在公共生活中应当知晓的礼节之一。公共空间不是私人环境，高谈阔论、大声接听电话等都必须考虑别人的感受。在特定的场合，尤其是政府办公地、医院、图书馆等需要肃静的场所，人们尤其要克制大声咳痰、用力擤鼻涕等行为，这些不文明行为会对周围的人造成困扰。为避免上述行为出现，大家应有意识自我克制、自我约束，才能在公共场合养成良好的控制能力和行为习惯，将保持安静化为一种自觉的行为。

7. 维护公共场所的清洁是一种美德

无论是在大街上、建筑物内、赛场场馆、办公室或是公共卫生间里，都不能随意丢弃各类垃圾。对在公共生活中随时出现的废弃物，要得当处理；在没有垃圾桶时，要把小件垃圾放入口袋内随身携带，忌随手丢弃；同时，忌把垃圾桶当篮球筐，随手向垃圾桶投掷垃圾，造成垃圾桶周边污迹斑斑；忌将废弃物塞入公共设施的夹缝中或扔进停在路边自行车的车筐内。

杜绝人为污染城市公共环境，忌在城市建筑物外观、内饰上敲、刻、挖、卸、涂抹、粘贴等。要有意识地帮助那些因疏忽而行为不当的人，提醒及制止他们。

8. 随处留名是违法行为

在文物古迹上乱写乱刻是违反《中华人民共和国文物保

护法》的行为。摒弃陋习，要求我们每一位公民增强法律意识。对于目前尚存于世的、人类共同拥有的宝贵文化遗产，每一个人都应该自觉爱护文物古迹，禁止肆意涂鸦、刻字、攀爬、拆卸等行为。当看到有人在公园内、古迹上乱刻乱画，都应该主动上前制止。

9. 超市文明考验公德意识

在超市购物，选购易破损商品，要轻拿轻放、归放原位；对直接入口的商品，要注意自身卫生状况可能对食品产生的污染，忌用手触摸各类食品；确认松软商品质量时，忌捅一捅、戳一戳，无约束地拿捏商品；对因己之过或自家小孩不慎而损坏的商品，要主动报告并赔偿，忌心怀侥幸，逃离现场。

10. 图书馆里须爱护公物

阅览者进入图书馆，应着装得体，不携带饮料、食品；阅读时保持肃静，禁止喧哗；取阅图书后应将其整齐地放回原位，自觉整理排序图书；不得毁损借阅的图书，更不能窃取图书。为维护图书馆的公共安全，还应自觉杜绝携带那些有碍公共安全的各种物品入馆。在电子阅览室，杜绝对电子设备进行恶意操作、蓄意损坏设备、故意删除必备软件等行为，禁止在设备上存留有碍公共秩序的文字、图片。注意举止规范，除爱护图书外，维护良好的阅览环境也是每一位阅览者的责任，如在阅览室内不得接听电话，外放音频。

11. 观看文娱演出时的注意事项

在看文娱演出的时候，首先要注意准时到达，最好做到提前一定的时间到达剧院，提前 15 分钟左右入座，在开场铃响起以后，就不可随意走动了，而要静等演出开始。

不仅迟到是不礼貌的，观赏过程中吃东西、讲话、睡觉、起身、随便走动、不得当地退场也是失礼的。需要强调的是退场要讲秩序，应在演员谢幕以后才能退场。很多人在观看演出的时候，常常疏忽了这些应该注意的礼节。

虽然有时因特殊原因，一些观众不得不做出一些不合礼仪的行为，如果换位思考也可以理解，但这并不意味着他人可以豁达地接受类似的不当行为。每一位观众都应该把类似的小事当作大事看待，形成自觉意识。在公共场合时刻注意改正自己的小毛病，这样才能带来现场和谐有序的状态。每位公民都必须自觉培养在公众场合不逾矩的行为规范能力。

12. 自觉遵守“禁烟令”

目前各地都出台了室内禁烟令，室内禁烟不仅有助于吸烟者的健康，也能够保证室内空气清新，减少二手烟的产生，保护公众身体健康。同时还能够减少空气污染，为环保事业做出贡献。请大家按照规定，不在室内及其他禁烟的公共场所吸烟。

13. 应急状态下更应强调礼仪

应急状态是指遇到自然灾害或者突发事件时的一种非常态。此时，人们的反应首先是本能，然后才体现个人道德行为。应急状态下，能否做到先人后己？能否为保障他人的安全而自律？在生死攸关的时候能否约束自己的行为？能否礼让谦敬、维护秩序？这些问题的答案折射出的不仅是个人道德修养，更体现出人们的文明程度和整体素质。

在社会生活中，大家需要学会认识安全标识，因为它与人们的生活密切相关。到了比较陌生的公共场所，比如商场、电影院等，如果不会看紧急出口标识，不仅散场的时候找不到出口，在遇到紧急情况时，就可能难以逃离危险地带，造成不必要的悲剧。

只有平时有意识地遵守公共秩序，养成良好习惯，才能在应急状态下有意识地维护秩序。例如：在平时上下楼梯时，要养成好习惯，靠右侧上下，将左侧让出一条通道给那些有急事要办的人；一旦高层建筑发生火灾，居民从楼梯逃生过程中，遇到消防队员时应让出一侧通道给消防队员，以便他们能尽快赶到出事地点救助被困的人。

很多人在平时都懂得遵守秩序的道理，但遇到应急情况时，又有一些人将道理抛开，自顾逃命；所以越是在应急状态下，越能体现出人的基本素质。只有通过平时长期的教育，才能使一个人在应急状态下做出符合秩序的行为，并形成一种习惯。

14. 手机使用注意事项

关于手机铃声需要注意的事项：从铃声内容来说，应杜绝不文明的内容，选择个性铃声要与自己的身份相匹配：个性化的铃声与年轻人的身份比较匹配，长者或者有一定身份的人如果选择与自己身份不太匹配的铃声，会损害自己的形象。个性化铃声应注意使用场合，就像穿衣打扮一样，分家里和家外两种。如选用“爸爸，来电话了”“妈妈，来电话了”，还有狗叫声，在办公室等严肃的场合，就不适用了。

参加会议、观看电影、听音乐会、欣赏体育比赛时，严禁手机铃声干扰。通常情况下，应将手机铃声调到静音状态。在必须接听时，切忌旁若无人大声讲话而影响他人。

在医院探访病人要提前将铃声调到静音，以免影响病人休息。如果在探访过程中有来电，尽量不要接听，等探访完毕后再打回去。如果确有急事，应到病房外接听，接听电话声音要轻；对住院病人来说，也不应当拿着电话与外界煲电话粥，以此打发时间。殊不知你睡不着并不等于别人也睡不着。在医院，很小的声音都会影响其他病人的休息。

到别人家做客，不能为所欲为不停拨打、接听电话，这样会令主人难堪。

在特殊场合，拨打、接听电话应学会考虑他人感受，要不断反思自己行为得失并加以修正。

15. 文明上网行为规范

网络沟通其实代表着一种新型的人际关系模式。很多人借助这个虚拟空间发表自己的观点，参与讨论当前发生的大事。但是，在享受互联网带来的便利时，一些人却缺乏自我控制和监督能力，造成了不文明的现象。

参与网络生活，特别是微博、朋友圈，忌传播带有恶意人身攻击的语言和图片；忌将别人的不幸或隐私放到网上大讲特讲；忌对某个与自己有矛盾的人或不喜欢的明星进行有违事实的声讨；忌恶意跟帖或发言攻击他人。网络不是发泄私愤的地方，不要把它当成伤害他人名誉和人格的工具。

网民要有是非观。忌抱着别人不知道的侥幸心理去浏览不健康的网页，这实际上是一种纵容行为，造成恶性循环。如果每个人都主动摒弃这些糟粕，失去市场的网站自然无法生存下去。

文明上网是维护社会良好秩序的一个重要方面，它需要网民和网站经营者的共同努力。网民有维护国家荣誉的义务，不去散布不文明的信息和图片，不泄露国家机密，发表言论应本着公正客观的原则。同样，网站经营者有引导正确、健康的社会舆论导向的责任。

16. 尊重演艺人士

尊重人格，礼貌待人。艺术家、运动员为我们进行表演、比赛时，要认真观看，态度热情，不能随意起哄、吹口哨、

跺脚或大声喊叫。有的人因为座位欠佳，看不到名演员正面的演出，大叫“把脸转过来”，这样不仅会引起混乱，影响演出效果,而且对演员来说也是侮辱人格的行为。绝不能抱“我花钱买票，你就该为我表演”的不正确想法，这既是对他人的不尊重，也体现出自己修养的低下。如果在某个场合遇上自己喜爱的名人，不要向旁人指指点点，但可以走近去热情地表示你的敬意。

有些人喜欢肉麻地吹捧名人，也有些人对名人的私生活津津乐道，这都是不尊重人的表现。还有一点也要注意，就是不要对名人横加指责，求全责备，即使对你不喜欢的名人，也不要对他们进行嘲弄、讥讽，捏造无聊的事实，传播流言，情况严重时将会被人控以诽谤罪，并绳之以法。

17. 控制情绪，不要随便发怒

在公共生活中，请勿随意发怒。

喜怒哀乐本是人之常情。心理学的研究指出，人的愤怒情绪根据情绪发展的规律可以分为九个梯级：①不满；②气恼；③愠；④怒；⑤愤懑；⑥激愤；⑦大怒；⑧暴怒；⑨狂怒。当人处在第一、二梯级时，还不一定发脾气，但已有发脾气的情绪基础；在三、四梯级时，脾气有点发出来了，但还能听规劝，或进行情绪转移；到五、六梯级时，自我克制能力已经很差，且已具有某种“主动进攻”的色彩；到七级以上时，脾气就变得很大了，理智几乎完全丧失，往往会造成破坏性

的后果。人一旦发怒，往往会把礼仪完全置之脑后，所以应当尽力避免。

随便发怒，就人与人之间的相互关系来说，会伤了和气和感情，会失去熟人之间的信任和亲近。制怒，是一个人的理智战胜感情冲动的过程，而理智，是彬彬有礼的一种标志。

18. 开玩笑注意场合

熟人之间相处免不了开开玩笑，这样可以融洽关系、活跃气氛、增强团结。凡事都要有个分寸，开玩笑也要适度，不能违背善意相处的原则；如果过度，做出有失礼仪的事，则其效果肯定也将适得其反。

那么，这个“度”如何掌握呢？简单些说，要因人、因时、因地和因内容而定。

首先，开玩笑要看对象。人的性格各不相同，有的人活泼开朗，有的人沉默寡言，有的人豁达大度，有的人则小心多疑；对不同个性的人，要有不同的相处方式。同样的玩笑，对有的人可以开，对有的人就不能开；对男性可以开，对女性就不能开；对青年人可以开，对老年人就不一定能开。如果不注意人的性格特点和承受能力，就会伤害别人的自尊心，影响人与人之间的感情，本来是一次比较愉快的聚会，结果也可能不欢而散。

其次，开玩笑要看时间。俗话说，人逢喜事精神爽，当别人在生活中遇到不幸和烦恼时，情绪比较低沉，常常需要

的是安慰和帮助，如果这时去打趣逗笑，便不合时宜了，弄不好，人家还以为你是幸灾乐祸。即使是同一个人，在不同的时间也会有不同的情绪。例如：工作不顺利，遭到领导批评，家庭发生矛盾等，都可能会出现低落情绪，这时，就不适宜去开玩笑。

再次，开玩笑要看场合。当别人在专心致志地学习和工作时，一般都不应去开玩笑，以免分散其注意力，影响别人的学习和工作。在一些比较严肃、紧张甚至是悲哀的场合和气氛之中，例如参加庄重的集会或重大的活动，包括平时参加各种会议时，也都不能嬉笑打闹，以免冲淡现场的气氛。在公共场合和大庭广众之前，也应尽量不要打趣逗笑，因为人多嘴杂，容易引起某些不必要的误会。

最后，也是十分重要的一点，开玩笑一定要讲究内容健康。拿别人的生理缺陷开玩笑，这是在故意揭别人的“伤疤”，把自己的快乐建立在别人痛苦的基础之上。津津乐道男女之间的私情，绘声绘色地传播庸俗、无聊甚至下流的情节，这是在寻求感官的刺激。捕风捉影，以假乱真，把小道消息作为茶余饭后的笑料，这是种不负责任的低级趣味。凡此种种，都是属于开格调不高、内容不太健康的玩笑，是不应提倡的。开玩笑的内容一定要清新健康、风趣幽默、情调高尚，使所开的玩笑有思想性和趣味性，使大家在开玩笑中学到知识，受到教育，得到陶冶，从而收到积极的效果。

19. 不恶语伤人

恶语是指那些肮脏污秽、奚落挖苦、尖刻侮辱的语言。很显然，这是与文明礼貌相悖的粗俗的语言。俗语说，良言一句三冬暖，恶语伤人六月寒。恶言中伤他人是不道德的行为，不但我们自己不该说，听到这一类的话也不要随意传播。孔子说过：“出辞气，斯远鄙倍矣。”意思是说话要注意言辞和语气，避免粗野和污秽。轻蔑粗鲁的语言会使人感到受侮辱；骄横高傲的语言使人与你疏远；愤怒粗暴的语言有可能将事情导向不良后果。语言是人们交流思想、信息和情感的工具，恶语却是损害别人尊严、刺痛别人神经和破坏相互关系的祸根。

还应当看到，恶语不仅伤害别人，其实也伤害了自己，它不仅使别人受到了侮辱，也同时贬低了自己的人格。一个思想品德高尚的人，他的语言必定也是得体的。出口成章、富有文采是美；幽默风趣、谈笑风生是美；直抒胸臆、朴实无华也同样是美。尽管它们的表现形式不同，但文雅礼貌、亲切温和、谦逊客气则是共同的特点。“诚于中而形于外”，这些外在的表现，都与说话者本身诚实中肯、与人为善的品格分不开。换言之，恶语伤人者，其本人必定缺乏涵养。

20. 避免给别人起绰号

绰号就是外号。有些绰号，例如称中国女排名将郎平为“铁榔头”，称英国前首相撒切尔夫人为“铁娘子”等，是带有

褒义的一种美称；这是包括本人在内都乐于接受的。但如果是一种带有侮辱性的绰号，那就是另一回事了，不能给人乱起，因为它是不文明和不礼貌的行为。

在社会交往中，忌根据人的生理缺陷而拟就绰号，例如“跷脚”“瞎子”“瘌痢”“秃子”等等，这无异于是在揭别人的短处。这种绰号一旦流传，会给当事人增加精神负担，影响自尊，甚至会造成人格侮辱。忌用动物名称代替称呼，如“狗熊”“猪猡”“苍蝇”“臭虫”等绰号。在一个集体中，如果这样相互乱起绰号，势必会影响大家的原有关系，有损团结的局面。

青年人忌给老年人起绰号；下级对上级、晚辈对长辈、学生对老师、徒弟对师父忌乱起绰号，这是缺乏礼仪修养和不尊重师长的表现，是必须纠正的；在严肃的环境中，忌起绰号。

21. 不嘲笑别人的生理缺陷

与正常人相比，生理上有缺陷的人会碰到更多、更大的困难，例如学习的困难、工作的困难、生活的困难等。生理上的缺陷限制了他们活动的空间、职业的选择、工作的开展和学习的进行。他们比正常人更需要别人关心、帮助、支持和鼓励，这样，才能使他们更好地看到生命的价值和感到社会的温暖。

一个道德高尚、懂得文明礼貌的人，对待有生理缺陷的

人，通常都怀有极大的同情心，视他们的疾苦为自己的疾苦，千方百计地尽力帮助他们，尽力为他们的工作、学习、生活、爱情和社交等各个方面提供各种方便，创造各种条件，绝对不会去奚落、嘲讽或歧视他们。

有道德的人以助人为乐，以损人为耻；以扶危济弱为荣，以凌弱欺软为耻。嘲笑别人的生理缺陷，是对人的一种精神折磨，为文明人所不齿。

三、具有特殊意义的动作

一些动作具有特殊的意义，在社会生活中正确掌握这些动作是十分有必要的。

1. 点头

点头是向他人致意时使用的礼貌动作。通常用于迎送的场合，尤其是在迎送者有许多人时，用点头可以向许多人同时致意，表示对见面的喜悦或对离别的惆怅。在其他场合也可以使用。

2. 举手

举手是向别人表示恭敬的礼貌动作，通常用于和对方远

距离相遇或仓促擦身而过的时候。它的用意在于表示自己认出了对方，但因条件限制而无法站停施礼或与对方交谈。

3. 起立

起立是向位尊者表示敬意的礼貌动作，常用于集结时对报告人到场或重要来宾莅临时的致敬。

4. 鞠躬

鞠躬是通过屈体向他人表示恭敬的礼貌动作，适用于人们初次见面时。

5. 鼓掌

鼓掌是表示赞许或向别人祝贺的礼貌动作，通常用于在聆听别人的长篇讲话和讲演，看完或听完别人的表演、演奏或献技之后，用以表示自己的赞赏、钦佩或祝愿。

6. 握手

握手是在日常的社会交往中司空见惯的仪式。它看似平常却是沟通思想、交流感情、增进友谊的重要方式。其中往往蕴含着令人愉悦、彼此信任、相互接纳的信息，因此，在许多场合都不能忽视与别人握手的礼节。

握手，多数用于见面致意和问候，最早可追溯到“刀耕火种”的年代。那时，人们手里经常拿着棍棒或石块等武器，随时准备狩猎或打仗，当在路上碰到不属于自己部落的陌生人时，如果双方都无恶意，就要放下手中的东西，伸开手掌让对方抚摸掌心，以表示亲近、问候之意。这样，以摸手掌表示友好的习惯便沿袭下来，久而久之，演变成了我们今天的握手礼节。

握手，也是和平的象征。有说法认为握手礼来源于中世纪，当时打仗的骑兵都戴盔披甲，全身除两只眼睛外，其余部分都包裹在铁甲中，随时准备冲向敌人。人们如果表示友好，互相接近时就应脱去右手的甲胄，伸出右手表示没有武器，并互相握一下，这样即为和平的象征；发展到后来，某交战双方的领导人如果有诚意坐到谈判桌上来，见面时握手就表示双方愿意和平共处；一旦签订停战协议，互换文本时，双方代表握手，就表示和好，化干戈为玉帛。

由于握手的礼节在社交场合应用很广，除了在上述场合不应忽视与别人握手外，我们应本着“礼貌待人、自然得体”的原则，灵活掌握和运用握手这一礼节。因为在应该握手的社交场合如果忽视了与别人握手，就意味着自己的失礼，这显然是一种缺乏修养的表现。

握手除了作为见面、告辞时的礼节外，习惯上还是一种祝贺、感谢或相互鼓励的表示。如对方取得某些成绩与进步时，在向对方赠送礼品以及向某人颁发奖品、奖状和发表祝词讲话之后，都可以用握手来表示祝贺、感谢或鼓励之意。

在握手之前须先脱下手套，通常，男女双方在握手时都应注视对方，微笑致意。男子与女性握手，需尊重对方的意愿，如果女方不愿意的话，只需用语言问候即罢。同时，男子与女性握手，不宜握得太紧或长时间握住对方的手。

在被介绍与人相识、双方互致问候的时候，应与对方握手致意，这表示为相识而感到高兴，今后愿意建立联系或商谈工作等。对久别重逢的友人或多日未见的同事，相见时应热情握手，以此表示问候和关切。

7. 拱手

拱手是身份相仿者之间互致敬意的礼貌动作。它是由古时汉民族在相互见面或告辞时的拱手礼动作演变而来。由于它简便易行，所以目前不少国人仍在沿用。

8. 合十

合十礼，即两手合拢置在胸前，是兼含敬意和谢意两重意义的礼貌举止。最初仅通行于佛门弟子之间，以后逐渐流传广泛。因为这种礼貌举止很文雅，所以不少人乐意使用。

9. 拥抱

拥抱是表示亲密感情的礼貌举止。通常仅用于外事及送往迎来的特殊场合。有时，有前嫌的双方在误会消除时，也常以拥抱来表达一些难以用语言说明的复杂感情。但在我国，这种表达方式于异性之间较少使用。

表示礼貌的举止并不仅为以上所述，这里提及的是其中比较常见的若干种。在该表示敬意时，还应注意适时、适景、适度，举止规范，大方得体。像挖鼻孔、照镜子、提裤子、打领带、拉肩带、涂口红、画眉毛等行为都需要规避公众视线。

四、涉外交往中应注意的礼仪问题

在涉外交往中，讲究求同存异，即避开不同点，寻求共同点。要避免因国情不同和文化差异所造成的隔阂和摩擦，做到互谅互让；所以，掌握涉外交往中的基本礼仪是很有必要的。

尊重平等、以礼相待：既要维护本国的利益和尊严，又要尊重他国的利益和尊严。平等友善，以礼相待，不厚此薄彼。既坦诚谦恭、热情周到，又自尊自爱，堂堂正正；既热情友好、落落大方，又彼此尊重，不卑不亢。

友好相处、互惠互利：应以宽广的胸怀和气度与他人交往相处，在相互尊重的原则下进行友好交流。

要做到礼节周到而不烦琐、热情而不失尊、善待而不阿谀。要仪容整洁、举止大方、亲切自然。应熟悉涉外交往中的国际惯例，以及交往对象的风俗习惯。

内外有别、得体适度：自觉遵守涉外行为规范，不失密、

泄密；不私自主张或答应外国人提出的不合理要求，严格按照相关的规章制度行事。不做有辱国格、人格的事，不说有辱国格、人格的话。

不卑不亢、求同存异：在涉外交往中不卑不亢与求同存异同等重要，不可偏废。既不畏惧自卑、阿谀奉承，又不自大狂傲、放肆嚣张；而应堂堂正正、坦诚乐观、豁达开朗、从容不迫、落落大方、一视同仁。除应发扬我国“礼仪之邦”的优良传统，注意礼节、礼貌外，还应尊重各国、各民族的风俗习惯，从而使我们在涉外活动中真正做到不卑不亢、以礼相待。

求同是遵守国际惯例和通用规则，有效沟通、达成共识、避免周折；存异就是注意“差异”；了解具体交往对象的不同风俗习惯、宗教禁忌，并给予尊重。

热情有度、不必过谦：涉外交往中待人接物应热情友好，但应注意分寸。交往时既不要自吹自擂、自我标榜，也不要妄自菲薄、自我贬低、过度谦虚客套。

遵守时间、履行承诺：具有时间观念，如期履约，这是涉外交往中极为重要的礼仪。认真而严格地遵守信用及承诺，对于由于难以抗拒的因素而无法履约的承诺，应尽早向有关各方通报，如实解释，郑重致歉，主动承担损失。例如：参加各种涉外活动，应按约定时间到达。过早抵达，会使主人因准备不足而难堪；迟迟不到，则因让主人和其他客人等候过久而失礼。

仪容整洁、讲究卫生：注重个人卫生，注意毛发修饰、仪态服饰，尽量消除不良体味；及时修剪指甲、换洗衣物，个人随身携带使用的物品要整洁有序。注重维护公共环境的卫生和秩序。

诚恳自信、表达得体：待人接物言谈文雅，雍容自信；言谈中举止有度，不随意谈论当事国的内政、外交、宗教等问题。

尊老爱幼、礼让残障：这既是我国的传统美德，也是涉外交往中的必备品质。

中华民族自古以来一贯具有对长者、妇幼、残障人士谦敬礼让的精神和行为；尊老爱幼、扶助残障作为中华传统美德，向来为我们社会所高度重视，在涉外活动中更应发扬光大我们的优良传统。上下楼梯或出行相遇时，应礼让长者、妇幼、残障人士，并主动施予援手。对同行的长者、妇幼、残障人士，在征得同意后给予适当的帮助；进出大门主动帮助长者、妇幼、残障人士开门、关门，关照他们的安全；在机场、车站、码头、商店、旅游景点等公共场所给予他们爱心与呵护。

尊重隐私、女士优先：须严格遵守“尊重隐私”原则；对被大多数人士视为是个人私密的问题，不去询问，如：履历出身、收入支出、家庭财产、年龄婚否、健康状况、家庭住址、政见信仰、私人情感等。

在涉外交往中尊重对方的隐私权，既要规避涉及他人隐私话题，同时也要避免与人谈及自己的隐私的话题。

应自觉地尊重爱护、关心体谅妇女，这并不代表女性是弱者，而是像尊重母亲一样尊重其他女性。

禁止吸烟、严禁酗酒：涉外交往活动中禁止吸烟、酗酒，在非正式或私人社交场合，吸烟前应请求，得到许可后还需适度约束。

五、文明出行需遵守的规则

在社会生活中共创良好的公共交通秩序是非常重要的。文明交通的秩序，可以体现在多个层面：如对公共交通环境的保护、对公共交通设施的爱护、对公共交通畅通的维护等，都属于公共交通秩序范畴，公共交通的参与者对公共交通秩序的尊重体现了社会文明的崇高境界。

自觉遵守公共交通秩序是每位公民的社会责任之一。它体现着公民的道德修养、审美情操、受教育程度及在社会生活中自觉自律的能力。每一位公共交通参与者的良好自律能力，将会使有限的公共交通设施发挥出最大的社会效应。

文明交通是城市竞争力的重要内容，也是公共交通参与者体会幸福生活的必要保证。提高公共交通参与者的文明素质有利于降低公共交通管理的成本。

每位交通参与者应从自己做起，从现在做起，从一点一滴的小事做起，改变陈规陋习，努力增强交通法规意识，掌握文明交通的相关知识，提高思想认识，养成良好的交通行

为习惯，赢得社会的尊重、他人的尊敬。

1. 出行也要讲道德

交通道德是人们的道德修养在参与交通活动时的表现，是道路交通参与者在交通中的行为准则和规范，它包括驾驶道德、骑车道德、行路道德等。

在公共交通中如果机动车驾驶员、非机动车驾驶员和行人都各行其是，可想而知，这样的道路将十分混乱。良好的交通秩序要求公共交通的参与者遵循各自的道德规范。

文明交通观念的树立与交通道德意识的养成是需要时间的。近年来，我国各级政府正在不断加大对道路交通违法行为的整治力度。同时也开展了对机动车驾驶员的行车道德规范和对行人文明交通观念的教育。

我们在参与公共交通时都应学习交通安全的法律法规，遵守交通规则，加强安全意识，树立交通安全文明公德；同时应注意长幼有序、尊重妇孺、善待残障人士、知耻改过，为创造一个和谐有序的公共交通环境与秩序尽一己之责。

在公共交通中强调谦让恭敬、先人后己，树立先公后私的意识是必要的；在个人利益与公共利益发生冲突时以公共利益为先，当个人利益与他人利益发生摩擦时严于律己、宽以待人、谦虚谨慎。

2. 遵守公共交通秩序

公共交通秩序的评判内容主要包括机动车辆是否闯红灯、抢道、逆向行驶、乱停乱放，是否向车外乱抛垃圾，行人、非机动车是否各行其道；公交车是否规范停车、是否催逼乘客；出租车是否随意调头、拒载乘客；行人是否乱闯红灯、乱穿马路、乱翻护栏，乘客是否有序排队候车、依次上下车，是否存在乱晾晒、乱张贴、乱搭建、乱堆放、乱泼污水、盯人散发小广告、违规出摊经营等现象。

在公共交通生活中，每位参与者不但要公正、诚信、节制，还要有理智的群体关系意识。既要有私德，又要有公德，如果能建立这样的文明交通，很多不得体行为可能就会被自律所约束。如果大家努力遵守规则，公共交通生活中不理智的行为就会大大减少，公共交通就会更加和谐、有序。

3. 宽容待人，文明礼让

在处理各种交通摩擦、事故中，提倡“包容退让”：多检讨自己，尝试着设身处地从对方的角度考虑问题。

在参与公共交通时不危害交通秩序、不破坏交通设施、不损害公共利益，自觉养成良好的交通习惯。

在公共交通中对非原则性问题，应得理让人，妥善控制情绪，及时、快速、有效地处理交通事故，反映出当事人的高尚情操。如果遇事鲁莽、感情冲动，必然激化交通矛盾，

从而做出有损人格、有损社会公共利益的事情。

4. 开车讲车德，自律靠大家

车德，即在汽车普及后形成的与车有关的文化和道德规范。

不讲车德行为的另一层解读，可以归结为司机缺少社会公德意识，不能把社会公德意识转化为良好的社会行为能力。很多人开车可以用“讲法不讲德”来评价：归警察维持的交通规则，大家基本都能遵守；但不归警察管的开车公德，却很少有人理会。

时代在发展，但一些人交通观念的改善并没有及时跟上时代，他们的公共交通安全意识和法制观念淡薄，交通公德意识差，在交通行为上表现为我行我素，任意违章，行驶过程中随意停车、转弯、调头，特别是在没有民警管理的路口，各种车辆乃至行人互相抢行，有时路口已经堵住了还要往前挤，结果是越乱越堵，越堵越乱，形成恶性循环。

车德靠他律规范起来比较困难，关键还要靠开车人的自律。每一位公民都要有这样一种意识，不论开不开车，自己都是构建和谐交通的一分子。因为良性的社会互动，对于开车人车德的形成，也会有很大的促进作用，千万不能以恶制恶。

5. 开车要守交规，更要牢记礼仪

驾驶者首先应该遵守交通规则，还有一些礼仪是交通规

则中没有的，希望驾车人牢记并自觉去做。

在路上：合理并线，对新司机多宽容；禁止疲劳、酒后、超速驾驶；禁止强行超车。道路拥挤时，除工程救险、消防救援、医疗救护及民警执行紧急公务等处理应急公共事务车辆外，其他社会车辆禁止使用在紧急情况下被视为“生命线”的应急车道。

遇行人：礼遇行人，特别是老幼妇孺或残障人士过马路时应更加谨慎行驶。

灯光：正常情况下，不开远光灯，尤其不要用远光灯晃对面的行人。

喇叭：禁止随意鸣笛。尤其不要在小区、校园等安静的地方长时间按喇叭。雨雪天如遇道路狭窄，请勿鸣笛催促，谨防行人或骑车人因紧张或为让道而滑倒，造成交通事故。

停车：看清楚前后左右的情况，禁止妨碍其他车辆的正常通行，禁止堵住行人和自行车通道、堵在小区出入口及垃圾站门前，禁止占用绿地等处停车。

车里的垃圾：禁止驾车时将车内杂物，如包装纸、烟头、瓜皮纸屑等从车窗扔出，禁止在停车处将车内垃圾直接弃在车外。车内垃圾确需处理，也请在不影响公共秩序的前提下，将垃圾扔到垃圾筒里。

加油：依次等候，在加油站禁止使用易燃物，禁止拨打电话等。

6. 并线不能影响其他车辆

随意并线是道路上的安全隐患。驾车员常会遇到这样的现象，就是一些车辆拐弯并线时不打转向灯，抢行加塞儿，结果造成各类大大小小的交通事故，导致交通秩序混乱。驾驶员驾车并线的基本原则是不能影响其他车辆正常行驶，不能恶意并线加塞儿；正常行驶的车辆没有义务礼让随意并线的车辆，因此要并线的车辆必须等待，在路况允许的条件下迅速打灯并线，这是每一位驾驶员应掌握的道路交通须知。

7. 社会车辆应给予公交车最大限度的礼让

公交车司机为保证正点运行、准时到达，有时会发生占道抢行的事情，如非恶意，社会车辆应给予最大限度的理解和礼让。每位社会车辆驾驶员都要有公交优先的意识，应把与公交车争时抢道视为一种不当的行为，不占用公交专用道。如果大家都能这样做，公共交通状况就会得到大大改善，公交社会效益就会最大化。

行人、非机动车和其他社会车辆要礼让公交车，这是城市公共交通秩序的重要保障。从另一方面讲，公交车司机亦应避免影响其他社会车辆合理正常地行驶，不要因局部利益不当占道抢行，造成路段拥堵。公交车占道和并线时，司机应举手示意，其他社会车辆要进行礼让。

8. 按规定停放车辆是文明交通的重要内容

我国汽车市场发展迅速，今后每年汽车产销量仍将以千万辆计。庞大的汽车增量，相对滞后的停车场建设，造成无论是在住宅社区里，还是在街道、酒店、超市等公共场合的汽车停放资源都十分紧缺。因此将车辆有序停放在不妨碍他人的合适位置就显得尤为重要。

非机动车道常被机动车与行人所占，在许多路段已成顽疾，这除了要加强对机动车司机与行人的宣传教育外，交通管理部门应切实加强对非机动车道的动态管理，使车辆人员各行其道，及时疏通非机动车道，保持其畅通无阻，安全通行。

9. 雨雪天气须顾及他人

雨雪天气，很多候车乘客怕自己身上被淋湿，在准备上车时不脱雨衣、不收雨伞，直到上车雨雪打不到时才开始收雨具，这是不顾及他人感受的做法。每位乘客上车前就应脱下雨衣，把有水的一面朝里收好；雨伞应折叠扣紧，尽量置放在低处，不能来回甩动，对非折叠伞要特别处理好，不能让伞尖扎到别人或戳坏他人物品；应避免自己雨具上的水甩、蹭、滴、溅到他人衣服和鞋面上，不要把雨具顺手放到旁边座位上而影响别人乘坐，也不可放在通道上而阻碍他人过往。如不注意这些公共生活中的小节，人们发生摩擦纠纷的概率就大大增加。值得一提的是，坏天气不要带来坏脾气，如果有人不经意将雨水溅到自己身上，不要太计较，不要因为所

谓的“有理”与人发生无谓的争吵。

10. 规范骑车

《道路安全法实施条例》规定：“驾驶自行车上路行驶必须年满 12 周岁”。不满 12 周岁骑自行车上路是违法行为。所以，要自觉遵守法律规定，不到 12 周岁，不得骑自行车上路行驶。

自行车给人们的交通带来了便利，同时也给人们带来了不幸，在各类交通事故中，自行车事故数量较多。为此，我们应该严格遵守骑车规范，避免成为自行车的“牺牲品”。为此，掌握以下骑车规范是非常必要的。

（1）选择自行车出行，应确保车辆机件性能完好，安全设施齐全。

（2）出发之前，应该先检查铃、锁、刹车、车轮、踏脚、链条、撑脚、坐垫等是否完好有效。

（3）在非机动车车道内顺序行驶，严禁驶入机动车道。在没有划分非机动车道和机动车道的道路上行驶，应尽量靠右边行驶，不能骑车在道路中间，不要数车并行，逆向行驶。

（4）车至路口，应主动地让机动车先行。遇红灯停止信号时，应停在停止线或人行横道线以内，严禁用推行或绕行的方法闯越红灯。

（5）转弯变道时，应减速慢行，提前伸手示意行驶方向。左转弯时伸出左手示意，同时观察转弯方向暂无车辆和行人

来往后再行通过，切不可在机动车驶近时急转猛拐或与机动车抢行。

（6）自行车在道路上，应按交通标志指定的地点和范围有秩序地停放；在不设置交通标志的支路上停放也不要影响车辆、行人的正常通行。

（7）骑自行车载物，长度不能超过车身，宽度不能超出车把宽度，高度不能超过骑车人的双肩。在市区道路上骑自行车不应载人。

（8）骑自行车不应在道路上互相追逐、曲折竞驶、扶身并行。

（9）不应一手扶把，一手撑伞骑车。撑伞时，要下车推行。

11. 斑马线上行人优先

《中华人民共和国道路交通安全法》明确规定，机动车行经人行横道时应减速行驶，遇行人横过马路应避让。法律赋予行人在斑马线上拥有优先权，彰显了对行人生命安全的尊重。

驾驶员在遇人行横道时应减速慢行、礼让行人；忌抢行斑马线、与行人争道、加速行驶等行为，否则将会对等候通过的行人在安全上造成极大的威胁。即使无行人过马路，驾驶员过斑马线时也应提高警惕、减速慢行，以防万一。

每一位驾驶员在行驶过程中都应将确保行人的安全放在首要地位，尊重行人的生命权。而行人也要知道，与车辆相比，

人处于弱势，在遇到那些有失公德的车辆时，不要为争一口气，抢一秒钟而被伤害。

多数斑马线设置有信号灯，行人应保护好这些公共设施，忌恶意损坏，造成交通混乱。遇车辆较密集时应安静等候，不与车辆抢行。儿童过马路要有长者保护。老人过马路时因动作较缓慢，要举手向驾驶员示意，这是行人向驾驶员表示礼貌的行为，驾驶员亦应给予关照。遵守公共交通秩序需要所有参与者相互恭敬与礼让。

“礼让”是一种积极的生活态度，它包含了一个人对他人、对社会的智慧与美德，是中国传统道德中既重要又广为人知的道德规范。

“礼让”作为公共交通最基本的道德规范，在文明交通中“礼让”具有重要意义。良好的社会行为源于内心，它本应是一种自然而然的美德；改进社会公共行为应从我做起，从每件小事做起。

12. 红绿灯前自觉摒弃不良行为

行人闯红灯要被罚款，这在国内很多地区都已实施。如果大家希望拥有一个良好的城市公共交通秩序，就要不断提高自觉遵守交通法律法规、维护交通秩序的意识。长期以来大部分人对于闯红灯行为抱有无所谓、我行我素的态度，这使得行人闯红灯成为城市交通管理最令人头疼的顽疾。为改善交通秩序，创建和谐交通环境，行人在通过红绿灯时要牢

记红灯停，绿灯行；红灯前严禁抢行，应安静、耐心等候。

机动车驾驶员闯红灯，是缺乏法律意识和文明驾驶意识的不良行为，要坚决杜绝。文明驾驶是每一位驾驶员驾车时必须遵循的行为准则，是对社会负责的具体表现，也是义不容辞的社会责任。

13. 行路时应注意的礼节与禁忌

行人是公共交通的重要组成部分，所以，同样需要了解交通法规及相关知识，将遵守交通法规、尊重交通道德、遵从行路规则作为参与公共交通的日常行为规范。

如禁止在自行车或机动车道行走；过马路时，走人行横道，请多一份谦让与耐心；禁止横穿马路、擅闯红灯；绿灯亮时，需看两边确认安全时再通过。

“彬彬有礼”在公共交通生活中，体现在完全出自内心深处的对他人在言语动作中表现出来的得体、节制、尊敬、友好的行为，以及不使人为难，助人为乐的品德。这是自爱、爱人和热爱生活的表现，体现了一个人对他人和公共生活的尊重。

在公共交通生活中讲究彬彬有礼，是形成良好文明交通风气的重要方面。

行人间需互相礼让，马路上车水马龙、人来人往，因此需要讲求秩序与礼让。遇老、弱、病、残、孕，须适时、适度照顾他们。在人群拥挤的地方，应按次序依次通过，不小

心冲撞了他人或踩着别人的脚，应及时、主动致歉。如果是他人无意碰撞了自己，应表现出良好的修养和自制力，切不可口出恶言、厉声责备，而应宽容和气地给予体谅。

行路时忌左顾右盼、东张西望，更忌嬉戏打闹。男性遇到不相识的女性，忌久久注视，甚至回头追视，忌一面走路一面吃东西或抽烟，这既不卫生又不雅观。

走路的姿态是一个人精神风貌的体现，每一位行人良好精神状态的集合，构成的就是我们良好的社会风貌。因此，行人应留意自己的走姿，正确的走姿是：挺胸抬头，不驼背含胸，乱晃肩膀；目光自然前视，忌左顾右盼，东张西望。

行路时尤其需要注意爱护环境卫生，忌随地吐痰、随手抛弃脏东西。

14. 避让盲道，爱惜残障设施

盲道是专门帮助盲人行走的道路设施，是社会对残障人士尊重的体现。盲道的条形块砖意味着可以直行，规则的圆点砖意味着停步转向，不同的触感可以让盲人获知前方路线的空间环境将出现怎样的变化。

凸出条纹的盲道犹如盲人静态的眼睛，它铺设在马路人行道上，是为方便盲人出行而设置的。形状特殊的砖利用盲人的脚感作用和盲道砖的助感原理达成导盲效果。或许这条凸起的道路对常人没有特殊意义，但对盲人群体来说，却都是“刚需”。

遇盲道要避让，不可在盲道上通行。同时，要自觉保护好盲道设施，遇盲道上有影响盲人正常通行的障碍物要主动帮助清理，遇有人占用盲道可善意提醒。

15. 公共交通工具是城市文明的窗口

文明乘车看似是小事，实际上是一个大工程。乘客是否文明乘车，从一个侧面折射出一个国家国民综合素质及精神风貌的状况，是一个国家文明程度具体体现的窗口之一。我们每个人也都要加强自身文明规范意识，循法守礼；将自觉自律、规范自我视为自己的社会责任之一，为创建和谐有序的社会承担一份义务。大家都应以自己文明的实际行动带动更多的人，使文明排队乘车形成一种风气、一种习惯。乘公共交通工具，应遵守公共秩序，讲究社会公德并做到：

（1）在站台处安静候车，忌拥挤在车行道上或站在道路中间拦车。

（2）候车站在马路牙子的内侧，并按公共文明引导员的示意，依次排队候车，汽车靠站、停稳后依先后次序上下车，忌争先恐后。

（3）上车后，主动买票，主动让座给老人、病人、残障人士、孕妇或怀抱婴儿的乘客。应将随身所带的物品放到适当的位置，注意不要让它占座位、挡路，或有碍他人安全。

（4）车辆行驶中，拉住扶手，忌将头、手伸出车窗外。

（5）雨天乘车收好雨具，以免影响他人。

（6）照看好自己的孩子，不要放任幼儿在车上啼哭、嬉闹。

（7）下车时依次而行；如需他人让路，应有礼貌地先打招呼讲敬语，如说“借光”“劳驾”或“请您让一下”，忌硬推硬挤。

（8）下车后，随即走上人行道；需要横过车行道，应从人行道内通过；忌在车前车尾急穿。

行为文明在公共交通中是指一个人参与公共交通行为方式的总称。广义的文明交通行为包括交通人的内心文明与行为文明两个方面。

每位公民应自觉加强自我修养，做到遵纪守法、行为文明；应努力担当公民的责任与义务，在参与公共交通时不危害交通秩序、不破坏交通设施、不损害公共利益，自觉养成良好的交通行为。

第二节 不同行业从业者的礼仪规范

一、出租车司机

开车规矩礼让，待客一视同仁

司机在服务过程中要有诚信意识、文明意识、服务意识、安全意识。

司机应始终保持良好的职业道德，成为遵守交通规则的榜样，运营中注重优质服务细节，不接听、拨打手机，礼让行人，不抢路、抢行；遇雨天、水洼时，注意减速、避让，以免污水四溅。不往车外扔东西和吐痰。成熟司机应对新司机持有宽容和理解的态度。避免不良的举止以及行为，保持

良好的工作状态和情绪，保持身心健康。

保持良好的车容、车貌，保证安全行驶。偶遇乘客要求在禁止停车处停车时，要主动向乘客做好解释工作；遇到不能确保乘客安全的交通路段时，应另选最佳路线行驶，确保乘客安全，处处为乘客着想。

注意自身的言谈、举止、仪表、仪容。着装规范、配饰及工牌佩戴得当，自觉约束言行，举止得当，注意使用文明用语。

行车中不吸烟、不抢行、不猛拐，不违章行驶，不向车厢内外乱扔废弃物。不开斗气车；不能停车不到位，造成交通秩序混乱。

乘客下车的时候，主动提醒他们拿好自己的东西。不通过后视镜“窥视”后座的乘客。

始终做到尊老爱幼，当车上乘坐的是老、孕、病乘客时，应该稳速行进，以保证他们的安全和舒适。在上下车的时候，如果可能的话，可上前主动搀扶。

出租车司机对待乘客应该热情大度，做到一视同仁。遇到外地乘客时，不欺生、蒙骗顾客，要做到诚信驾驶。司机与乘客聊天解闷儿是常有的事，但也要注意话题的选择，不谈涉及他人隐私、小道消息、八卦新闻、社会敏感问题的话题。

遇情绪激动的乘客，为避免起冲突，要态度和蔼、不说忌语；积极疏导、耐心劝导。同时，学习控制不良言行与情绪，不向乘客表达消极情绪，避免出言不逊，做到礼貌交往。善

意与宽容是司乘关系的润滑剂，努力做到让乘客乘车更便利、舒心是出租车司机的美德。

二、轨道交通乘务员

真心为乘客着想，严格依规范服务

乘务员要做到不卑不亢、落落大方。举止行为合乎行业制定的行为规范。在工作中要遵循规定的程序服务，要树立宾客至上的服务意识，面对乘客要彬彬有礼。

乘务员应仪容端庄、仪表大方。在工作当中注意自己的仪表仪容，杜绝不文雅的举止，如抓耳挠腮、打喷嚏、挖鼻孔等，这也是尊重乘客的表现。

还应注意谈吐文雅、语言规范。说话时应语言轻柔，语调亲切，音量适中，讲求语言艺术，回答乘客问题准确明了。在与乘客交流时，不谈论不适宜的话题，不谈涉及政治的问题、个人隐私问题、宗教信仰问题、商业性机密等话题；不轻易地许诺乘客，讲话有分寸，做到谦虚有礼；注意倾听对方的表达，不要随意打断别人的讲话，不出现急躁、厌烦的表情。面对乘客不当的情绪表现，能够控制自己的感情，能够换位思考，尽可能去体谅乘客的情感，积极引导乘客。

服务中应态度诚恳、真诚友善。真心实意地为乘客服务，以诚待客，以此换取乘客的尊重和信任，应做到热情、和蔼、耐心。热情，即要求服务人员能够对本职工作有充分的认识，

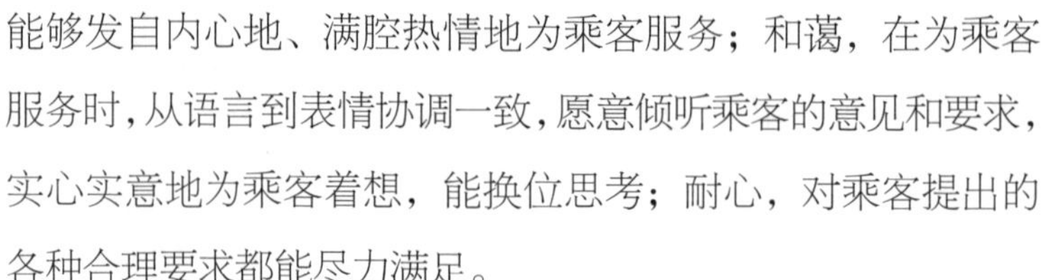

能够发自内心地、满腔热情地为乘客服务；和蔼，在为乘客服务时，从语言到表情协调一致，愿意倾听乘客的意见和要求，实心实意地为乘客着想，能换位思考；耐心，对乘客提出的各种合理要求都能尽力满足。

三、空乘人员

微笑自然大方，举止优雅从容

空乘人员应把微笑放在首位，微笑是空乘服务工作的职责所在。主动微笑，展露自然大方、真诚的微笑，掌握微笑的最佳时机和微笑维持的原则，对微笑对象一视同仁、热情和蔼。

乘务人员应当主动、积极、热情地问候乘客。问候要清晰、柔和，注意问候的时间及乘客的心情。问候语言要体现敬意和祝福。乘务人员应当语言得体、举止得当、服务规范，能够针对不同乘客的实际情况和乘客实现有效沟通，要能够婉转表达否定的信息。面部表情应当和肢体动作保持一致，能够使用机舱服务用语，拒绝不当语言的出现。对乘客要有真诚的态度，平等地对待每一位乘客。同时，乘务人员要善于控制自己的情绪和行为。

乘务人员的着装应当整洁、朴素、高雅；要重视和保持良好的职业形象；必须有良好的个人卫生习惯，保持仪容美观。

对伤残人员及需要特殊照顾的乘客，乘务人员应当针对具体情况和乘客的心理需求提供相应的得体、有分寸的规范服务。

应使乘客放心、顺心、舒心和动心。以安全的飞行保障让乘客放心；保证购票、登机等方面的无障碍让乘客顺心；空乘服务员的得体服务能让乘客舒心；用心用情的真诚服务让乘客动心。在遇挑剔的乘客时，乘务员在服务过程中依然要恪守着“用心服务”的理念，做到一视同仁。

四、商场导购员

举止亲切从容，切忌急躁无礼

要纪律严明，语言规范，行为端正，友善协作，相互支持，顾客至上，勤勉尽责，公平竞争，诚实守信。

坚持自己良好的职业行为，恪守职业操守；努力做到诚实守信、言行一致；要有法制观念，协作意识，公平意识，效率意识，有正确健康的消费观念，忠于职守，表情从容，举止得体，态度和蔼。

要有良好的仪容仪表，因为美观大方的仪容不仅仅是导购人员的个人问题，甚至反映出一个行业的精神风貌。为了维护企业的声誉，提高经济效益，商场导购人员应当自觉保持优美的仪容。同时商场导购人员良好的仪容也是职业素质的体现，是企业管理水平和服务水平的体现，是职业礼貌的具体要求，也体现出导购人员对顾客的尊敬。因此，商场导购人员要着装端庄大方、整洁美观，在工作中要不断学习，提高个人素养，提升个人职业道德和情操，培养高尚的审美观。制服要美观、整洁、得体，要从保持制服的洁净程度等小节入手，展现企业良好的精神风貌。

要有与人沟通的能力，偶遇比较挑剔的顾客时，要有博大的胸怀和服务意识，缓解对方的消极意识，忌急躁，应平和宽容地倾听顾客的诉说，用换位思考的方法认识、解决问题，忌粗暴无礼、急于解释，引起消费者更大的反感。当自身服务不到位时，要虚心接受顾客的批评，开展自我批评，以求取得顾客的谅解，不能怠慢顾客反映的问题。

在为视力残障人士服务时，如果用信用卡来支付，收银员在刷完信用卡后，应交到视障顾客手中，而不是简单地放在桌子上或柜台上。

五、酒店服务人员

倾听来宾需求，做到百问不烦

酒店服务人员应做到仪表整洁、仪容端庄、仪态得体、精神饱满，恪守工作流程、主动热情、周到体贴、耐心细致、虔敬有礼、节制有度、宽容体贴，能够恰当处理一般疑难问题，能够善待同事、善待被服务者，善于控制情绪，避免争执，学会赞美。

酒店服务人员给予消费者的安全感和信赖感主要体现在

视觉形象和听觉感受两个方面。

视觉形象：做到仪表端庄、整洁。头发要及时清洗，保持清洁，发型与所从事岗位相宜，切忌怪异颜色和怪异发型。男性不宜留长发，胡须不能过长，要每天修剪。指甲不宜过长，女性切忌涂抹颜色怪异的指甲油。注重个人的口腔卫生。规范着装，规范佩戴胸牌。对待来宾要彬彬有礼，尊重不同国家、不同地域、不同信仰的来宾。工作中的肢体动作要敏捷、优美，举止行为要符合行业规范，站坐行走要训练有素，依据服务要求和服务规程来约束自己。切忌在工作时出现修指甲、剔牙、抠鼻子、伸懒腰等懈怠的举止，避免给宾客留下不好的印象。

听觉形象：语言措辞要得当，语气声调要具有亲和力。说话的音量要适中。同时还要注意语言的逻辑重音，运用遣词造句的艺术。在回答来宾问题的时候，要准确、简明，要具备针对不同的服务对象使用不同的服务敬语的能力，准确使用称谓。

在为来宾服务时要做到：宾客来时有迎声，得到他人帮助和协助时要有致谢声，工作有失误或别人误以为自己的工作不尽如人意时要有致歉声，宾客离开时要有送声。在与来宾谈话的过程中，杜绝使用藐视的语言、烦躁的语言、否定式和冲撞式的语言，用词要文雅，态度要诚恳、热情、和蔼、耐心。以友好、善良的态度对待来宾，真心实意为来宾服务，讲究礼貌，获得来宾的尊重和信任。对自己的本职工作要有充分的认识，对来宾要有所了解，富有同情心，以发自内心

的热忱为来宾服务。

从语言到表情要协调一致，要有能力倾听来宾的要求和意见，真心实意地为对方着想。对来宾提出的合理要求要尽量满足，对来宾提出的问题要尽力去阐述，给予对方满意的应答，做到百问不烦。谈吐间要注意自己的表情，要使宾客的情绪愉悦，这也是一种无声的礼貌语言，是服务人员自身良好情绪的一种表现，也是服务人员热爱本职工作的一种表现。工作中表现得不卑不亢、落落大方，体现出应有的职业规范。

六、导游

待客热情真诚，最忌谈吐低俗

职业导游应具备良好的形象，做到服饰整洁得体，容貌端庄，头发要经常梳洗。导游人员的着装应整齐大方得体，与特定的情景、场合、地点、季节相协调。正确穿着制服、穿着西裤时，衬衫的下摆不要放在西裤的外面。不要佩戴寓意消极的饰物。不倡导女性导游留怪异的发型，染怪异的颜色，男性导游发型要得体，注意肢体的清洁，手脚清洁，指甲不宜过长，应及时修整。女性导游应施淡妆上岗，忌讳浓妆艳抹。同时要注意在游客面前，不要有化妆、梳头等行为。男性导游要每天刮胡子，注意个人卫生。

导游的举止应该自然大方，稳重雅致，同时要充满朝气和号召力。向他人展示出具有亲切感和安全感的职业形象。

站姿要稳重自然，坐姿要端正安详。走路时步态要轻快矫健、步伐要均匀，忌讳驼背、斜肩，左右摇摆。表情要和蔼可亲，保持微笑，目光要亲切、安定、从容、平和。

职业导游在为游客服务时，要有自觉维护民族尊严、以国家利益为重的意识和精神。在涉外旅游中，导游要坚持原则、坚定立场，不要做对国家有害的负面宣传，不要对政治问题做过多的探讨。要严格保守国家的相关机密，讲话要得体。不要随身携带机密的文件和材料。在与团队沟通时，对于涉及国际关系等政治问题不要发表自以为是的言论，不去传播道听途说的小道消息，学会尊重他人不同的观点和信仰。同时要有豁达的胸怀善待对我们国家有歧视的外国游客。要诚实待客，不能弄虚作假，不要刁难游客。

对待游客时，要热情友好、一视同仁、细心周到、谦虚谨慎、稳重大方、谨言慎行，随时能关心、体恤、换位思考。在游客面临危险时，要挺身而出，不能置身事外、临阵逃脱。同时要注意，不能与游客过分亲近，开一些庸俗的、低级趣味的玩笑。要有创造和谐关系的能力，但不要参与游客之间的纠纷。处理游客无理的要求时，要保持尊严，不卑不亢。

导游在为游客服务过程中，不得偷盗游客的财物，不得强迫游客购物。在陪同游客游览时，要行走在外侧，表示对游客的礼遇。

七、安保人员

恪守安全职责，切忌蛮横待人

安保人员应严格履行岗位职责，不做与安保无关的事情。不脱岗、不空岗、不睡岗，不迟到早退，不刁难群众。应具备与岗位职责相应的观察、发现、处置问题的能力。遵守各项规章制度，对所辖区域内客户及业主的机密事项不随意打听、记录、传播。

在工作时间内，必须着保安制服。因私外出，应着便装。如在生活区内着便装，应当注意着装的得体，以免影响业主对安保人员的整体印象和评价。在驻勤单位的工作岗位上，必须佩戴帽子。制服要勤洗勤换，确保制服的干净整洁，无污迹和油迹。不准披衣、敞怀、卷裤管、歪戴帽子，或者穿拖鞋、凉鞋。严禁将保安制服和保安标志借给他人，要妥善保管。在参加重大的活动时，只需佩戴所在机构统一颁发的奖章和证章，不准佩戴其他的徽章和饰物。

安保人员在值勤时，应保持仪表端庄、精神饱满、姿态端正、动作规范、举止文明。值勤时不得将手插在衣袋内。不准勾肩搭背、嬉笑打闹、随地吐痰、乱扔废弃物。不准穿着制服在岗位上饮酒、吃东西。同时，保安人员在工作岗位上还应该自觉遵守公共秩序、社会公德，尊重少数民族的风俗习惯。

安保人员在工作当中要讲普通话。在工作中使用的语言要简洁、准确、文明规范。接触被服务者时，要学会使用敬语。

在接待他人时，要注意称谓的使用。了解相应的谈吐礼节和语言禁忌。不参与到业主家长里短的纷争之中。要注意讲话时语气的亲切、和蔼。服务时要耐心周到，体贴入微，注重礼貌，一视同仁，不急躁，不厌烦，不怕麻烦，要有一定忍辱负重的精神。

八、艺术工作者

人品艺品皆看重，台上台下都认真

尊重艺术，不能糊弄观众；尊重时间，不能迟到早退；尊重工作人员，向给予自己帮助的人说感谢；尊重自己的身心健康，尊重自己在社会上的地位，尊重自己在公众中的口碑，要虔敬、知耻、有节制；尊重观众，意识到观众是自己的衣食父母，是自己立足社会的支柱；尊重媒体，不要恶意地利用媒体，混淆视听。

不断提升自己与人沟通的能力。在面对公众时能够和蔼、思虑、谨言慎行，要正直、温和、宽厚、心存敬畏，内心的思想和面部的表情要配合恰当。

艺术工作者在公众场合穿着要得体。不要穿着怪异、另类的服饰，倘若自以为的时尚不能引领公众的审美观，那么这种彰显将成为一种反面示范。

艺术工作者在公众场合的肢体行为要健康，不要做出不健康、不宜在公众场合出现的手势、表情、肢体动作。艺人

的一举一动要对公众起到榜样和示范作用。

艺术工作者在与人交往的过程中要特别注意严己宽人，了解人们在社会生活当中最基本的礼节和禁忌。不要攻击、讽刺、挖苦他人，说别人的是非。

九、公司职员

待人亲切有礼，莫论他人是非

举止文明得体，全心全意为用户服务。接待客户的时候，要主动、礼貌、热情，音量适中，语气音调亲切，具有亲和力，语言简明扼要，精简练达。

处理好同事之间的关系。在办公室内，离座时要告知领导自己的去向。工作完成时，要向合作的同事致谢。同事之间要善于营造良好的人际关系，忌闲聊，说他人长短。

职员服饰要得体，服装忌短、露、透，不穿色彩过于艳丽的服饰，要保持服装淡雅得体。不提倡女职员留长指甲，涂抹过于艳丽的指甲油。不在办公室内补妆。不穿走路声音过响的鞋子。

工作场所的服装应清洁、方便，不追求修饰。具体要求是：衬衫的领子与袖口不得污秽；外出前或要在众人面前出现时，应佩戴领带，并注意与西装、衬衫颜色相配；鞋子应保持清洁，如有破损应及时修补，不得穿带铆钉的鞋。

第三章

观赛礼仪

第一节 如何做一名得体且有品位的观众

一、观赛前准备

1. 避免匆忙

提前做好各项准备工作，仔细阅读观众指南。

在提前两个小时到达观赛现场的前提下，预设好出发时间。大多数场馆在比赛开始前两小时向观众开放。前往观赛要充分预留出交通时间、参观场馆后的安检时间、购买纪念品时间、进入赛场寻找座位的时间等。

建议：大家在比赛开始前 1~2 小时到达会场。

观看室外竞赛项目，可能会使你身处极寒的环境中，请

提前补充水分与能量。

2. 随时关注

随时关注比赛地点气温的变化，随时注意与观赛相关的公共交通信息、时间表、路况等信息的更新，以确保你能够按时进入会场。

3. 物品携带

要充分了解前往比赛场地的交通工具，熟知比赛场地限制禁止哪些物品。

在大型比赛场馆一般不为观众准备储存个人物品的设施，所以前往观赛尽量减少随身携带的物品，如果必须携带物品，建议选择尽可能小的便携背包。

特别注意：除婴儿车和轮椅外，场地内不建议存放其他物品。我们建议您不要带太多私人物品。

4. 保暖须知

天气寒冷、气温相对较低，御寒保暖是首先需要重视的问题，在前往观看开幕式、闭幕式、室外比赛项目时应特别注意自我保护，防止冻伤。

建议：着厚装、穿毛袜和保暖的靴子。同时，以下装备也是必需的，帽子、围巾、坐垫、暖宝、披肩、雨衣、充饥的食物等。

二、前往场馆

前往场馆尽可能地选择公共交通工具。如驾驶私家车或租用车辆前往观看比赛，必须遵循指定的路线，注意当天的道路和停车限制。到达场馆后车辆只能停放在指定停车场，停车是一件非常劳神的事，如果遇到活动结束后找不到停车位则更让人欲哭无泪。

如遇下雪天气、地形陡峭或在地面结冰的路面行走，要注意安全。

前往场馆时少喝水，天寒地冻更容易使人有去卫生间的冲动，不管是在路上还是赛场内，寻找卫生间和使用卫生间都是耗时费力的事。

三、准备入场

（一）抵达

抵达场馆后，依照比赛场馆指示标识寻找安全检查点和会场入口。请留出足够的时间进行安全检查，并尽早进入会场。

比赛开始前有娱乐活动时间也可以购物。

在进入观赛场馆区域前一定要再次确认所需票证，包括身份证、门票等。提前检查必要物品是否都带齐全，因为你要明了，一旦进入观赛场馆区域，持票观众就将无法离开后再折回。

（二）安全检查

1. 接受安检

进入场馆须排队接受安全检查。安全检查不存在任何免检对象。所有人员，包括观众、工作人员、外交人员，不分国籍和性别，都必须经过安全检查。

所有进入观赛场馆区域的人员都将接受安全检查程序。安全检查包括对本人随身物品的检查，以及对本人及孩子携带的行李和其他物品的检查。为确保顺利、快速进入观赛场馆区域，请遵循安检人员的建议，配合检查。

2. 违禁物品注意事项

（1）禁止带入的物品

为避免出现安全检查事故，请不要携带包括但不限于威胁他人人身安全、生命安全的限制/禁止的物品进入冬奥会场地，具体物品如下：

武器类及武器模型；

火器、弹药、弩、匕首等管制武器及任何被怀疑为武器的装置；

易燃易爆物质、烟花爆竹等易燃物品和点火装置，中国法律明令禁止的腐蚀性化学品和有毒放射性物质；

刀、长柄伞、棍棒、锋利的尖头物品、玻璃容器或其他可能伤害他人的物品；

大麻或麻醉品、精神药物、酒精、液体药品等；

具有极端主义、攻击性或歧视性的材料，如含有反对一个国家的人、团体或基于种族、肤色、民族、社会背景、性别、身体残障、语言、宗教、政治观点、性取向等歧视性的内容（横幅、打印资料、衣服等）；

尖锐物，如螺丝刀、钻头、锤子、电锯、锯子、轴、万向节等；

各种形式的刀具、剪刀和刀片等；

压缩气体、液化气体、强酸等；

无标签容器中的液体、凝胶、奶油或粉末等；

打火机、火柴或其他照明物品等；

扬声器，如钹、锣、呜呜祖拉、口哨、加油气球等；

高于 1.5 米的独立物品；

任何看起来与上述违禁物品相似的物品或者是违禁物品的复制品。

（2）违禁物品的处理办法

如发现有人携带违禁物品，将做以下处理：

任何违反北京 2022 年冬奥会相关规定的违禁物品都将被移除。

① 属于我国法律法规规定，违法携带的物品将交由公安部门处理，如国家明令禁止的物品、药物、危害公共交通运输安全的物品、管制刀具（包括陶瓷刀具）等。

② 携带的物品没有违反法律相关规定的物品但违反场馆

规定的，安检部门将采取带回、暂存、没收等方式处理。

带回：携带的违禁物品，交由持有者本人带回。

暂存：禁止携带的物品经安检部门确认后由安检部门集中保存，保存期限一般是六个月，最长不超过一年。超过保存期限而未取回的物品，安检部门将按照相关规定销毁。

放弃：禁止携带的物品不能带回而物品价值较低时，则选择放弃。放弃违法违规携带的物品交由安检部门依照规定处理，不再返还携带人。

3. 被拒绝入场的情况

在下列任何情况下，举办方有权拒绝观众入场或要求已入场观众离开会场：

（1）拒绝安检人员对个人或随行物品进行检查；

（2）携带威胁他人人身安全、生命安全的限制 / 禁止的物品；

（3）行为涉嫌扰乱比赛顺利有序进行；

（4）行为涉嫌扰乱或侵犯他人的观赛或安全；

（5）被合理怀疑上述任何一项的。

因上述原因被拒绝入场或请离赛场的观众，无权向主办方提起任何赔偿。主办方不负责因取消或更改赛事或因任何会议而引起的索赔、损害、损失或费用。

（三）检票

1. 持有效票证进入

所有观众，无论年龄大小（包括幼儿），都必须持有效的票证才能进入比赛场地。

2. 门票验证

持观赛门票是进入场馆的方式之一，在出发之前，需要再次检查门票，并关注以下信息：

（1）比赛项目

有许多人同时持有多场比赛的门票，如果因拿错而被拒绝入场，将是一件非常令人沮丧的事。

（2）比赛场地

不要猜测自己将要观看的比赛场地的位置，一定仔细阅读票面信息，反复确认，以防万一。

（3）比赛时间

准确了解所观项目的比赛时间，记错是一件非常令人懊恼的事。如果同一天购买了不同场地的门票，请确保自己有足够的时间从一个地点到达另一个地点。

（4）座位号码

包括入口、门区、排号、座位号等。

特别强调：每张票证只允许一人进入赛场。如果您在中途退出观赛场地，将不允许重新进入。

3. 门票注意事项

（1）被带离现场持伪造票证将被拒绝入场观赛或被带离现场。

到现场观赛需在有主办方授权的机构或网站购买门票。如果在未经授权渠道购买门票，一旦出现无法检票的情况，将自行承担由此带来的一切后果。

（2）门证保管请小心保管票证，如果票证遗失、被盗、难以辨认、销毁或由其他原因导致票证失效，或因票根提前撕毁而导致的票证无效，均不能进入赛场观赛，由此造成的损失需要自行承担，举办方不承担任何责任。

（四）入场

1. 比赛开始前的购物

比赛场馆内有品种丰富的赛会纪念品售卖，如有需要，不要错过享受购物的机会，购买纪念品也是感受体育赛事的一种方式。

2. 有序排队

冬季项目的特点是可能需要站在队伍中时间更长一点，走得比平时更远一点，或许这是奥林匹克经验的一部分。

3. 耐住性子

耐住性子，不肆意而为。观看大型体育赛事，尤其是冬季体育室外比赛项目的特点是需要耐住性子，切忌因等候的时间长一点，路走得远一点就满腹牢骚，与人发生冲突。

4. 如需帮助可寻找志愿者

在体育赛事举办期间，场馆内会有众多乐于助人的公共文明引导员和赛会志愿者为赛会提供志愿服务。到达观赛场馆区域后快速地寻找到志愿者会使你在遇到困难时获得必要的帮助。

四、进入观众席

1. 坐在指定的座位上

坐在应坐的座位，是对比赛现场秩序的尊重。

进入观赛场地前需要仔细阅读座位说明，进入观赛场地后需要按照场地指示标志自己寻找目的地。

根据票上的“场馆入口、座席入口、排、座”等信息可以准确找到座位。

儿童须与持有有效门票的儿童监护人同坐，不要让儿童独自在场馆内就座。

对仅提供观赛区域未提供座位编号的比赛，请在指定区域中观赛。

不要进入划定区域以外的地方，以免影响比赛有序进行。

所有观众只能坐在指定的座位上或区域中观赛。

2. 保管好个人物品

确保私人物品的安全。遗失物品请及时在赛后至场馆失物招领处领取；如遇物品被盗情况，请及时联系场馆工作人员并报警。

3. 拍照录像

使用照相机、摄像机、音频设备或任何其他类型的设备拍摄的奥运会的图像、视频和录音，不得用于私人、国内和非商业用途以外的任何目的（不得出售、许可、广播、出版或以其他方式利用这些图像、视频或录音）。

4. 免费饮水

每个场馆都备有免费饮水设施，使用时应注意维护公共设施的完好及周边环境卫生。

提别提醒：低温是冬季气候特征，观看户外雪上项目时，需特别注意选择穿着那些保暖功能强的衣服、毛靴。在下雪或结冰的路面上行走，请注意脚下安全。

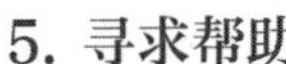

5. 寻求帮助

应遵守规则并维持秩序。如有困难请遵循现场工作人员或志愿者的引领。遇到现场工作人员或志愿者忙碌时请耐心等待或寻求他人的帮助，切不可唯我独尊、无理喧哗。

在遇到下列情况时，要快速寻求帮助，具体情况如下：

- 人身安全受到威胁，如武装威胁、生物化学威胁、炸弹威胁等；
- 受到暴力，如身体暴力、言语暴力等；
- 遇警情，如火情、地震、设备事故等；
- 遇身体不适，如食物和饮料摄入不足，疲劳、低温、疾病造成的极度身体不适等。

奥运场馆工作人员、志愿者将在赛事服务期间竭尽努力维护公共安全，并为公众的安全、健康与保障提供及时、精准、高效的服务。

6. 观众席规则

开始观赛前须阅读《观众指南》，了解并遵守相关的规定，以确保安全、愉快和有序地出席活动。

所有场地和场馆将在比赛开始前两小时开放。每个人都要经过安全检查。请预留足够的时间前往会场、排队通过安检，为顺利通过安检及配合赛场秩序的维持，请不要携带下列物品前往观赛：

- 硬或软容器内的食物及饮料。

- 发声器材，如鼓、锣、喇叭、口哨。
- 易碎物品及容器。
- 大而笨重的袋子或箱子，不适合留在座位区。
- 不参加奥运会或残奥会国家及组织的旗帜，大于 2 米 ×1 米的旗帜，旗杆。
- 每个赛场都为观众提供远离寒冷天气的休息区域，并为有哺乳需求的观众准备了温馨的护理室。
- 人员走散或物品遗失请到广播站、失物招领处寻求帮助，或找到附近服务处工作人员、志愿者报告。
- 赛场是瞬时人员大量集结的公共场所，难免拥挤、剐蹭、磕碰等，如遇此类情况，需要大家彼此豁达为人、宽容处事，多些善意的谦让、礼让和忍让。忌自以为是，得理不让人，无理搅三分。
- 需要注意的是冬奥会期间是世界各大媒体聚集之时，其中，各种言论及相关信息庞杂，对于各类信息来源选择官方信息发布为准，忌恶意揣测及抨击等诋毁我国对外友好形象的诽谤行为。
- 如果在参与赛事活动中发现不足，欢迎随时通过正常渠道向组委会建言献策。

特别注意：如果迟到了，还能进入吗？从场地开放到比赛结束，携带有效的门票都将被允许入场。对于某些赛事，迟到的观众将被要求在比赛中等待暂停，然后才能就座。赛场工作人员、志愿者将给予协助。

一旦进入赛场，观众必须留在共同的区域。为工作人员和运动员保留的区域对观众是不开放的。

所有观赛人员必须遵守北京冬奥组委发布的与参加冬奥会有关的所有政策、公告或指示。为了确保冬奥会安全、顺利有序地进行，必须遵守场馆人员的所有指示，包括但不限于提交安全检查结果、出示门票等。

7. 被禁止的行为

（1）未经主办方事先书面批准，不得将门票以政治、宗教、商业、广告或促销为目的，用于转售或交易。

（2）为了确保每个人都有愉快的体验，下列行为都被认为是不适当的，任何不遵守这些规则的观众都被禁止进入体育场或被要求离开：

在赛场，任何带有歧视性的标语、图片，以及语言、表情、肢体动作等行为都是被禁止的；

禁止携带未经批准的传单、小册子或将印有宣传材料的衬衫、帽子、围巾等穿戴进赛场；

在赛场发现携带违禁药品或发现滥用违禁药品的，其违禁药品将被没收，在这种情况下，警察可采取进一步行动；

禁止任何干扰运动员和教练注意力的行为，禁止干扰赛事顺利进行或妨碍其他观众观看比赛的行为，其中包括但不限于使用闪光灯拍照、处于醉酒状态、不服从工作人员的指示等行为；

禁止不当的欢呼行为，如肆意使用气球、棒、锣、扩音器、呜呜祖拉、口哨等；

禁止进入限制区域，如贵宾区、工作区及比赛场地等；

禁止爬过栅栏，在座位上行走，把物体扔进看台或比赛场地；

禁止在座位区打开雨伞或阳伞、长时间站立、挡住他人视线的行为；

禁止任何可能干扰冬奥会电子信号的电子设备，如未经授权的对讲机、扩音器、收音机、激光设备或无线设备等；

禁止穿着具有广告营销性质的品牌宣传服装；

禁止张贴、高举具有广告营销性质的品牌宣传横幅、图片或广告牌；

禁止促销样品或商品带有商业标识；

禁止未经授权的专业录像设备；

禁止携带婴儿车或轮椅以外的助行器具；

禁止携带除导盲犬外未经许可的任何动物；

禁止携带食物（包括水果）、饮料（包括水）；

禁止吸烟，禁止携带未列为违禁品的危险品。

请恪守警告和行为规范，确保对自己和家人的人身安全、财产安全负责。

8. 严禁滋扰

观看比赛期间严禁骚扰裁判、运动员或其他人员；严禁

参与任何形式的赌博、集会、静坐、示威、裸奔或其他任何扰乱冬奥会的活动，违者将按《中华人民共和国治安管理处罚法》处理。

9. 摄影摄像

关于在赛场是否可拍照、拍视频、发抖音等，观众应无条件尊重场馆要求，恪守观众规则。

五、观赛的礼仪与禁忌

（一）观看升旗仪式的礼仪

1. 观看本国升国旗、奏国歌时的礼仪

升旗仪式开始后，现场所有人都应起立、脱帽，面向国旗行注目礼。这里包括贵宾和工作人员，坐在主席台上的贵宾也要和观众一样起立，而在场内各处忙碌的工作人员也不能无视即将开始的升旗仪式，应立即停下手中的工作，在原地站立，身体转向旗杆方向，等待升旗。

在场人员行注目礼时神态要庄严，目光随着国旗徐徐升起，这个过程要持续到升旗仪式完毕。

升旗仪式进行过程中所有的人都应在原地肃立不动、保持安静，不可在场内走来走去，或者还旁若无人地继续做自己的事，更不能东张西望，嬉闹谈笑，咀嚼食物。

比赛场下观众的行为是一项特殊的“比赛项目”，和场

上运动员一样，场边观众也代表着国家的形象，尤其是在升国旗、奏国歌这样的庄严时刻，观众的行为不仅仅代表个人，更反映出一个民族的凝聚力。

2. 观看他国升国旗、奏国歌时的礼仪

庄严肃穆地对待国旗、国歌是重要的赛场礼节。在重大国际比赛中，奏他国国歌、升他国国旗的时候，观众也应像尊重本国国旗、国歌一样，肃立并行注目礼。

《联合国宪章》中阐述了“大小各国平等权利”的信念。由此可见，现代的国际关系以“主权平等”为基础。国家尊严受到尊重，国家元首、国旗、国歌不该受侮辱。“国家尊严”一词虽然比较抽象，但在礼仪活动中却十分重要。如果有一方的尊严受到损害，就必然会损害相互关系。对于国家元首、国旗、国歌等国家主权的代表或象征，不但不应当受到侮辱，而且应当表现出应有的尊敬。所以，在一切正式场合如果遇到升国旗、奏国歌时，都应当肃穆致敬，无论面对的是哪个国家的国旗和国歌。

在大型国际比赛中，升别国国旗、奏别国国歌的场面会经常出现，国外的观众会把自己国家的国旗带到赛场为本国的选手摇旗助威。各国的国歌和国旗都是神圣不可侵犯的，尊重别国或国际友人就要对他们的国歌和国旗表示尊重。有意或无意对别国的国歌和国旗表现出不恭敬，通常会被理解为对对方的失礼，甚至是对对方的蓄意冒犯和挑衅。

有些人觉得奏别国国歌、升别国国旗没必要表示敬意，

反正也不是自己国家的国歌和国旗，其实，这是一种很失礼的行为。尊重是相互的，当中国选手在海外运动会中不断夺金，五星红旗一次次在别国的赛场升起时，当激昂的《义勇军进行曲》在人们的耳边奏响时，他国的观众也对我们的国旗、国歌表现出了应有的尊重。所以，同样地，在国内赛场上每一个东道国观众也应该尊重别国国旗、国歌。在国际比赛的现场，每一个人代表的都不仅是自己，而是自己的国家，当别国的国旗升起、别国的国歌奏响时，请庄严肃立，这是举办体育赛事的城市中每一个公民应该具有的礼仪风范与精神风貌。

（二）观看开幕式时应注意的礼仪

开幕式一直都是大型体育赛事的重头戏。开幕式上，除了会举行一系列赛事官方规定的仪式外，一般都有精彩的富有民族特色的团体操或文艺表演。开幕式不仅传播了体育精神，也展现了东道国的民族文化、风俗民情，非常有吸引力。

以冬奥会为例，开幕式包括的重要仪式有：

各代表团按主办国安排顺序列队入场，希腊和东道国代表团例外，希腊代表团最先入场，东道国代表团最后入场；

冬奥组委会主席讲话；

国际奥委会主席讲话；

东道国国家元首宣布冬奥会开幕；

奏《奥林匹克会歌》，同时奥林匹克会旗以水平展开的

形式进入运动场，并在运动场中的旗杆上升起；

举行东道国升旗仪式；

冬奥会火炬经接力跑进入运动场，最后一名东道国的接力运动员沿跑道绕场一周后，以富有创意的方式点燃圣火；

各代表团旗手绕讲台形成半圆形，东道国的一名运动员登上讲台，左手执奥林匹克会旗一角，举右手，宣读誓言："我以全体运动员的名义保证，为了体育的光荣和本队的荣誉，以真正的体育道德精神参加本届奥林匹克运动会，尊重并遵守指导运动会的各项规则。"

东道国的一名裁判员作为代表登上讲台，宣读奥林匹克誓词："我代表全体裁判员和工作人员承诺，我们在本届奥运会上，将以真正的体育精神参加本届比赛，完全公开地执行本届奥林匹克运动会的职务，尊重和遵守各项规则。"

演奏或演唱东道国的国歌；

各代表团旗手退场；

文艺表演或大型团体操表演。

（三）观看闭幕式时应注意的礼仪

开幕式突出的是庄严和隆重，而闭幕式的气氛就比较欢乐和轻松了。仍以冬奥会为例，闭幕式的主要仪式包括：

各代表团的旗手按开幕式的顺序列队进场，在他们身后是不分国籍的运动员队伍，旗手在讲台后站成半圆形。

国际奥委会主席和本届冬奥组委会主席登上讲台，希腊国旗从中央旗杆右侧的旗杆升起，东道国的国旗从中央旗杆左侧的旗杆升起；

主办城市的市长登上讲台，把会旗交给国际奥委会主席，由国际奥委会主席把会旗交给下届冬奥会主办城市的市长；

本届冬奥组委会主席讲话；

国际奥委会主席致闭幕词；

奥林匹克圣火在号声中熄灭，奏《奥林匹克会歌》的同时，奥林匹克会旗慢慢降下，仍然以水平展开的形式送出运动场，旗手紧随其后退场；

奏响欢送乐曲，各代表团退场；

文艺表演；

下届举办城市的展示表演。

（四）观看比赛时观众应遵守的行为规范

观看体育比赛，观众应自觉遵守赛场纪律和社会公德，这样才能使自身充分享受观看比赛的乐趣，维护全体观众的利益，促进运动员发挥超高的运动水平。在赛场的观众应知晓并遵守以下赛场行为规范：

1. 准时到场，在比赛开始前就对号入座，以免入座时打扰别人；不在拥挤的入场口逗留或聊天；不要踩座位和高声说话；观赛者的车辆在指定地点存放；在入场口附近等候退票时注意礼仪；不纠缠他人或无理争论。

2. 赛场无论升哪个国家的国旗、奏哪个国家的国歌时，

观众都应面向国旗庄严肃立，发出嘘声是对一个国家极大的不尊重；在介绍运动员时，观众应用掌声表示鼓励。

3. 遇有贵宾观看比赛时，应热情鼓掌表示欢迎，若身边有外国朋友在场时，应表示礼让或帮助引路。比赛进行中，不随意在看台上来回走动，或站着观看比赛，这样会影响他人的观看，也是缺乏赛场礼仪的一种表现。

在允许的情况下，比赛中应不断为双方运动员加油。可以为你最喜欢的运动队或球员欢呼，但看到精彩处不要肆意大嚷大叫。当客队占优势或取胜时，不要喝倒彩或者起哄。随着比赛高潮的出现，热烈鼓掌、欢呼完全可以，但尖叫、吼叫、乱吹口哨、跺脚等行为则不足为取。

比赛尚未结束，不可提前退场。比赛结束时，忌争先恐后地退场，应照顾妇孺老幼先走，以免拥挤时发生意外。

不可辱骂别国运动员。在开心之余，切勿失礼于人。观看比赛时，观众与运动员之间、这一派体育迷与那一派体育迷之间应互相尊重，不围攻、辱骂对方的支持者。

对于若干相对陌生的外来体育项目，当我们对它的了解还不够时，更需要媒体加强相关体育项目的宣传和介绍，让观赛观众明晰并遵守观赛规则。

（五）观看颁奖仪式时应注意的礼仪

在冬奥会期间，奖牌应由国际奥委会主席（或由他选定的委员）在有关的国际单项体育联合会主席（或其代表）陪同下

颁发。如果可能，在每项比赛结束后，立即在举行比赛的场地以下述方式颁奖：

获得前三名的运动员身着正式服装或运动服登上领奖台，面向官员站立；第一名站在中间，第二名与第三名分别站在第一名的右侧和左侧。

比赛结束时举行的颁奖仪式是整个比赛的组成部分，是观众同运动员一起分享胜利喜悦的时刻。观众除了应热情友好地向运动员表示祝贺外，在颁奖仪式上还应注意以下礼仪：

颁奖时，观众不要在看台上随意走动；颁奖尚在进行，不要中途退场；在自己没有“看好”的运动员得奖时，也应热情祝贺，绝不可喝倒彩和乱起哄；当颁奖仪式全部结束时，观众最好能在运动员退场后再退场，以表示应有的礼节。

（六）颁奖仪式上运动员应注意的礼仪

运动员登上领奖台领奖，是一种庄严、隆重的荣誉，因此，不仅要自始至终体现出赛场上的英姿，而且也应体现出文明礼貌、谦虚大度的气质。

运动员登上领奖台时应衣冠整齐，步履轻松，举止大方；同时，要热情地向全场观众挥手致意或鞠躬、点头致谢。

当大会开始授奖时，运动员应用双手接过奖杯或锦旗，恭身接受奖牌，随后主动向授奖人鞠躬、握手，甚至拥抱以表示诚挚的谢意。然后，可将奖杯或锦旗高高举起向四周的观众展示，以共同分享胜利的喜悦。若领奖时是集体登上领奖台的，则领奖的队长或代表可主动将奖杯传递给其他队员，让全队一起来分享这一时刻的欢乐和喜悦。

除此以外，当运动员领到奖时，还应向左右两侧获得其他级别奖的运动员握手致意，以表祝贺。有时，还可视赛场的安排到话筒前热情、简短地说几句表示庆贺或谦恭的话，来融洽全场的气氛。

（七）观众向优胜运动员表示祝贺的礼仪

体育比赛结束时，往往紧接着为优胜者举行颁奖仪式。这时，运动员和观众的情绪都达到高潮。观众向运动员表示祝贺的礼仪通常有：

长时间鼓掌。观众可自公布某运动队或选手名称时起，就为优胜者鼓掌。有时，掌声可与场内播放的音乐节奏相一致，以体现观众的敬贺之礼。

热情欢呼。观众可欢呼运动队名称或选手的名字，其间也可配合以有节奏的掌声，使当时的场面更为热烈。

投掷鲜花、彩条，向优胜者投掷鲜花和彩条，是表示热烈祝贺的一种方式。

其他祝贺方法：可以用手指组成“V”字形向优胜者挥舞，也可以挥动彩旗等。

（八）赛场装束应得体

赛场也是公共场合。一般而言，赛场是气氛活跃而且轻

松的地方，观众的装束应文明而得体，符合观看项目的赛场要求。

如果是观看网球、台球、高尔夫球、马术等运动，着装休闲较不合适。但如果是观看足球、沙滩排球等比赛，身着正装坐在赛场看台上，不仅自己难受，而且别人也会觉得古怪。但需要注意的是，任何运动项目都不可赤膊观看。

但如果作为贵宾出席，穿正装则是必要的。特别是比赛安排了贵宾讲话，或者给运动员颁奖，出席这些场合，那装束就一定要正式。所以说，观众着装还应该根据赛场身份不同而有所选择。

需要提醒的是那些座位距离主席台很近的观众，这是电视转播镜头经常扫过的地方。冬奥会举办期间，东道主观众形象代表着城市的形象，乃至国家形象，观众不雅的装束或者举止被电视捕捉到可能会产生不良影响。

（九）不携带违禁物品进入赛场

比赛场所通常不准携带打火机、酒瓶、雨伞、凳子等物品，刀具和易燃易爆物品更是被严格禁止的。一些比赛谢绝观众带照相机入场，以免形成干扰。赛场内一般准备有开口装的饮料，封口饮料瓶和可投掷物品则不允许带入。

很多比赛禁止观众携带烟花爆竹入场，对带入场内的标语、条幅也有大小的限制。照明弹和信号灯也不允许携带入场。为保持赛场内的清洁卫生，观众观赛最好不要携带零碎食品，

如瓜子花生、各种糖果点心等。口香糖最好也不要携带。此外，宠物也是比赛场馆严格禁止带入的。

（十）别让烟头成为赛场安全隐患

在公共场合，禁止吸烟已经成为整个社会的共识。赛场作为公共场合之一，观众自觉遵守这一规定是毫无疑义的。出于人性化考虑，一些赛场专为烟民开辟了吸烟区，烟民应该到吸烟区去吸烟，这种尊重和体谅应该是相互的。

但还是需要强调不要在赛场吸烟，因为在一个人群聚集的地方，烟头掉到地上若不能及时熄灭，极易导致易燃物燃烧或电线短路起火，由此发生火灾或骚乱，后果不堪设想。许多火灾都是由未熄灭的烟头造成的，所以为了更好地观赛，每一位观众都应自觉杜绝安全隐患。

（十一）看完比赛请带走垃圾

整洁有序的赛场环境与观众的合理观赛是相辅相成、不可分割的。但遗憾的是我们在曾经亲身经历过的很多场比赛中都能发现跟赛场整洁环境相悖的情况：入场退场时有人在前后排的座椅上践踏前行；喝完了的饮料杯、矿泉水瓶随意丢在脚下；嘴里责怪着在自己的座椅上留下脚印的人，却将擦座椅的纸巾信手一抛等。赛场仅靠清洁工人来打扫是不够的，赛场环境要靠大家共同维护。所以，建议观众不带零食进赛场，随身带着一个小塑料袋做垃圾袋，在比赛开始或者

结束后，把自己的杂物及垃圾收集起来，扔进垃圾箱。如果有人把邻座的杂物也一并带走，我们应向这些人表示敬意。希望有越来越多的人注意维护公共环境卫生，并带动和影响周围的人。

（十二）不吃东西也是对运动员的一种尊重

在现场看比赛，不吃东西也是对运动员的一种尊重。试想运动员在场上奋力拼搏，他看到大家关注的目光，听到激动的鼓掌欢呼会精神大振，如果他看到的是观众鼓着腮帮子大吃大嚼，心里会是怎样的滋味?

当比赛进入高潮，看到激动人心的比赛场景，观众热情高涨地为运动员加油助威。电视转播镜头和摄影记者的镜头转向观众，想拍一张鼓舞人心的画面。如果这时观众手中挥舞的不是国旗、彩旗、吉祥物，而是易拉罐、食品袋，那样的画面将给东道国的形象带来怎样负面的影响?

（十三）观赛时使用手机需注意的礼仪

进入体育赛场就要遵守赛场秩序，做文明观众，这是基本的赛场礼仪原则。观众在入场后最好能自觉把手机调为振动，这样既不耽误自己的事情，也是对运动员的一种尊重。特别是在比赛进行中，应避免发出手机铃声等噪音，影响运动员的比赛发挥及其他观众正常观看比赛。

如果确实有事建议用短信交流，实在不得不接的电话也建议告知打电话的人自己正在看比赛，请过一段时间再打来。切忌在观看现场出现铃声大作而不接听，或旁若无人地大声接听电话，或慌慌张张地离席跑到外面去接电话，这些与赛场秩序不和谐的言行都会影响选手和其他观众。

贵宾和工作人员首先应做好示范。这里要强调的是，赛场内所有的人都应自觉做到文明使用手机，包括在主席台上的贵宾以及暂时没上场的运动员和工作人员等。特别是赛场内的工作人员，比如活动组织者和新闻记者等，即便因为工作需要不得不接听或拨打手机，也要注意适当遮挡，比如用手盖住自己的嘴，尽量放低音量等，而不可以过于招摇、随心所欲地使用手机。

（十四）扰乱赛场将负法律责任

通常人们把观赛礼仪定义为公共道德和个人修养范畴内的行为，是一种应当自觉自愿遵守的自律行为，但有时，一些观众的出格举动已经跨越了道德的底线，而触犯了法律。我们要守法、有礼、有序、理智、热情、节制，才能成为一名合格的观众。

（十五）包容失败显文明

体育比赛讲求公平友好的竞争，而观众给予公平友好的喝彩对于整个赛事和谐有序的进行非常重要。比得好，喝彩不好，也会令整个赛事出现令人遗憾的尴尬。作为泱泱大国的公民要学会赞叹高尚的体育竞技精神，也要有宽广豁达的胸怀，包容接纳失败，并将这种遗憾的美转化成赛场文明的一部分。观众不应以成败论英雄，对于失败者的致意其实是观众赛场文明行为的体现，体现了喝彩者的胸襟和风范。

（十六）喝彩应掌握时机

掌声致意和喝彩是体育赛事中不可缺少的，热烈、恰如其分的掌声可烘托赛场气氛。但要注意的是，不合时宜地鼓掌致意只会适得其反，给运动员造成干扰。

适当的加油行为可以促进运动员的发挥，过度则会对其造成干扰。选择时机、适可而止的加油对于运动员来说是很重要的。观众的加油欢呼声能够在一定程度上激励运动员，但有时也会分散他们的注意力。因为在比赛过程中，运动员的精力必须高度集中，特别是在接发球时要及时判断来球的落点和对方的回球战术，这时非常需要安静的环境。有的观众为记录下自己喜爱的运动员的精彩竞技场面，频频拍照，却没有关闭闪光灯，这是被禁止的。因为闪光灯会刺激运动员的眼睛，影响他们的发挥。

观众不仅要选择好时机，还要有秩序地加油。很多内行的观众非常懂得如何配合运动员。比如，齐声呐喊运动员的名字，配以有节奏的掌声等，同时对于对方运动员的精彩表现也会大方地给予热情的掌声。

观看体育比赛，为尊重主客双方，观众致以热烈的掌声

表达敬意，是尊重比赛的良好行为表现。禁止起哄、吹口哨、鼓倒掌、喝倒彩。如果我们每个人约束自己一点点，给赛场、社会带来的就是和谐有序。

鼓掌是向运动员表达敬意最直接的方式，而不分国籍、不论输赢的掌声更能体现出主办国观众的良好素养。作为观众，我们不应以成败论英雄，因为运动员在赛场上所表现出来的技术水平和拼搏精神都值得我们欣赏和鼓励。因此，作为高素质的观众，在为本国运动员加油的同时，更应该给其他国家的运动员献上鼓励的掌声。这既能体现出对体育运动的欣赏，也能表达对运动员的尊重。要学会向双方运动员表达得体的敬意，这是观众应有的胸怀。在即将开赛的冬奥会赛场上，面对来自世界各地的体育健儿，请不要吝惜你的掌声，在适当的时候，请给予赛场上每一位运动员以鼓励。

（十七）观众怎样向运动员表示敬意

观众向运动员热情友好地表达自己对他们的敬意，是使运动员充分发挥运动水平、观众本身也得到观摩比赛技艺最大享受的重要环节和必要的前提。

观众向运动员表示敬意的方法和形式很多。如在比赛中，为双方运动员加油鼓劲时，可以呼喊队员或运动队的名称；对精彩的表演可当场报以热烈的、长时间的掌声和喝彩声；运动员下场时，观众在报以热烈掌声的同时，还可用手指组成“V”字，向优胜队及其队员表示祝贺和敬意。

向比赛中获得优胜的运动员投掷鲜花，是人们向他们表达敬意和祝贺的一种隆重的礼仪。

观众在投掷鲜花时，对鲜花的品种和颜色应有所选择，要考虑到民族性、地区性和季节性。另外，投掷的鲜花可以是整束的，也可以是一朵朵地散发给运动员。有时，人们还可间隔地将彩条、彩色纸片或纸花撒向运动员，其意义也是一样的。

在条件许可时，观众也可以与运动员握手表示祝贺。有时，还可自发地组成夹道欢送的队伍，以欢送运动员退场和返回驻地。有时，在一次大赛结束后，观众还可以写信或寄庆贺卡片给优胜者的方式，向运动员倾吐自己喜悦的心情和表示诚挚的祝贺。

但在如斯诺克、棋类或牌类等比赛中，观众则要严格遵守有关纪律，不可随意喧闹，以便使运动员能集中注意力于比赛。实质上，这也是表示对运动员的尊重。

（十八）比赛过程中啦啦队怎样文明助威

比赛中，观众常自发组成啦啦队，为运动员的比赛助威呐喊。这是为了更好地鼓励运动员发挥最佳水平，有助于形成良好的体育竞赛作风，同时也是为了联络观众与运动员之间的感情。这种做法体现出广大观众对体育比赛的热情及其本身的文化修养。

然而，啦啦队要做到文明助威，应注意助威时要有组织、

有指挥；要同时为双方运动员的精彩表演鼓掌喝彩；使用的口号、标语要有所选择，内容要健康；若赛场内允许使用锣鼓、乐器等时，要有指挥、有组织地配合比赛节奏进行；不能无原则地瞎起哄，偏袒一方队员；要遵守赛场纪律和规定，一切违禁物品不得夹带入场；不准向赛场投掷任何杂物；见他人有违纪行为时，要竭力劝阻。

除上述方法外，啦啦队在助威的方法上还要掌握比赛气氛，使用口号、掌声以至锣鼓、乐器时，要注意掌握其快慢和高低响轻，使助威的节奏有张有弛。

（十九）观众请运动员签名留念时的礼仪

运动比赛前或者比赛后，只要条件许可，当运动员来到观众中间时，观众可以当场请运动员签名留念。

观众请运动员签名时，可以签在笔记本、名片或纪念册上，但最好事先备好一支笔。但观众请运动员签名时，要注意礼仪，在征得本人同意时，才能让运动员给自己签名留念。如果遇到有许多观众同时请运动员签名时，最好不要争先恐后和过分争抢，以免破坏当时热情、友好的气氛。另外，在运动员给自己签名留念之后，应立即向运动员表示感谢，并祝运动员取得更好的成绩。

（二十）在赛场上怎样文明观赛

观众应该提前进场，并尽快坐到观众席上，做好观看比

赛的准备，等待比赛开始。不要大声喧哗、高声喊叫。在比赛中，如组织啦啦队，可统一着装，并指定专人统一指挥，以确保赛场秩序。

观看比赛应对比赛的双方一视同仁，持公正态度。要注意国际影响和民族尊严，要在其他国家和民族面前表现出中华民族的自尊、自爱和宽容大度，要能接受各种可能的比赛结果，为双方运动员鼓掌助兴，自尊自重，不做有损国格的事情。

升国旗、奏国歌时应该庄严、肃敬，这是观众文明素质水平的表现。

要礼貌地对待运动员的比赛表演，对偶尔失误的运动员要谅解，以示鼓励。不可当场扔东西，出言不逊，发泄自己的不满，以免损伤运动员的自尊心和自信心。

支持裁判员的工作：瞬息万变的体育竞技场，难免出现判断失误，不应对裁判起哄。

维护场内公共卫生，不随地吐痰，不乱扔果皮果核、包装袋、饮料瓶。退场时不要拥挤，出场后自动疏散，自觉做到文明退场；不要围堵运动员或运动员的车辆，造成秩序混乱。

六、有序退场

（一）有序离开观赛场馆

比赛结束后，在规定时间内离开会场，按照指示有序退场，并且不要遗失随身物品。

特别注意：如果在同一比赛场地购买了上下两场比赛的门票，不可以不退出场地，直接等待下一场比赛。根据场地规定，所有观众必须在比赛结束时退出会场。即使有下一场比赛的门票，也必须离开并重新检票入场。

（二）其他需要注意的问题

垃圾杂物处理：带走垃圾，留下文明。

赔偿：对因故意、不当行为、疏忽而造成的任何损毁需赔偿。

饮用水：有些场馆有供观众饮用的水。不要把自己的食物或饮料放在任何类型的容器里进入场馆。

医疗诊所：每个奥运场馆均提供现场医疗诊所。初步诊疗免费。如有必要，救护车可运送病人到附近的指定医院；会场外发生的所有医疗费用必须由患者自理。

残障设施：所有场馆均为残障人士安装了无障碍坡道、厕所、座椅、电梯和盲道，对于任何特殊需要，请与现场志愿者联系寻求帮助。

轮椅服务：所有场馆都有轮椅可供有特殊需求的观众使用，如有需求可向志愿者寻求帮助。婴儿车和轮椅设施通常位于观众座位区附近。

失物招领：场馆的公安机关将提供安保和失物招领服务。

比赛场地可能非常拥挤。照顾好自己的孩子，照看好私人物品，如果发现自己丢失了东西或捡拾到属于别人的物品，请快速到最近的公安办公室寻求帮助。

紧急情况：在紧急情况或危机中，保持冷静并遵循会场的指示离开房间（如果需要）。

售票处：在每个奥运场馆主要入口处都有一两个售票处出售门票。门票在活动前三天在场地发售。营业时间从第一场比赛前两小时到当天最后一场比赛开始后的 30 分钟。

远离“黄牛”：请小心并远离那些倒售门票的“黄牛”。若要购买观赛门票，请访问北京 2022 年冬奥会官方网站或指定票务网站。

第二节　突发事件应对方法

一、处理突发事件的总原则

●听从指挥、不要慌乱，按路线示意图快速有序离开现场。

●保持镇静，将所有噪音降至最低。

●收听公共广播系统。

●遵循执法部门的指示及现场工作人员、志愿者的安全疏导。

●使用楼梯撤离现场，禁止使用电梯。

●冷静地步行，请勿乱跑，直接进入最近的楼梯或出口，尽快远离威胁。

●上下楼梯请使用扶手（化学或生物袭击的疏散除外），留出空间供其他人进出。

● 撤离建筑物后，请勿再次进入建筑物，除非室外更为危险。

● 疏散期间，请勿在建筑物内外吸烟。

● 帮助残障人士撤离。

二、处理突发事件的方法

1. 遇武装威胁

在突发危害公共安全和人身财产安全的事件中，当非法持有危险枪械的不法分子进入你所在的建筑或设施，并实施违法犯罪行为时，你应该怎么办?

● 不要好奇，迅速趴下，尽量保持冷静。

● 快速进入掩蔽体，尽可能降低身位，隐藏身体。

● 最大化地利用墙体、门、立柱、树干、灌木丛、花篮、柜台、场馆内座椅、汽车门尾部及轮胎等，遮挡以防被攻击。

● 不要肆意采取任何行动激怒袭击者。

● 在救援到达前，不要采取任何措施使袭击者采取行动。

● 保持在原地不动，等待救援。

● 不要贸然行动、突然尖叫或惊慌失措。

● 不要靠近袭击者，不要做被袭击者视为威胁的动作。

● 不要用任何类型挑衅的肢体语言来挑战袭击者。

● 不要经常与袭击者目光接触。

● 不要情绪激动，这可能会触发袭击者采取暴力行为。

2. 遇化学武器袭击

如果打开包装物，发现自己已遭受化学武器威胁、袭击时，你该怎么办？

● 请勿惊慌。进一步判明情况，听从现场工作人员、志愿者等相关人员的指挥。化学恐怖袭击多为利用空气为传播介质，使人在呼吸到有毒空气时中毒，常伴有异常蒜味、辛辣味、苦杏仁的气味等，还会出现异常烟雾或昆虫死亡、植物异变等现象。

● 尽快寻找出口。迅速有序地离开污染源或污染区域，尽量逆风撤离。

● 尽快掩避。利用环境设施和随身携带的物品遮掩身体和口鼻，避免或减少毒物以及病原体的侵袭和吸入。

● 检查身体变化。检查身体是否出现不同程度的恶心、胸闷、惊厥、皮疹等一般只有受到毒剂或化学毒物侵害时才出现的情况。

● 不要回家或到人员多的地方，以避免扩大病源污染。

● 进行必要的自救互救。采取催吐、洗胃等方法，加快毒物的排出。

● 遇疑似可疑物品，请小心地放下并保持原样。立刻报警，不要动，使周围所有人远离威胁，配合相关部门做好后续工作。

3. 遇炸弹威胁

遇炸弹威胁，你应该怎么办?

● 第一时间向最近的现场安保人员、场地工作人员、志愿者报告，按照执法人员的指示行事。

● 请勿使用任何电子设备，包括收音机、双向收音机或手机，请关闭计算机。

● 切勿触摸或尝试移开身份不明的包裹或异常的物体。向安全部门报告可疑物品，远离该物品。

● 打开门窗。

4. 遇火情

遇火情，你该怎么办?

● 遇火情，请勿使用电梯。

● 冷静地步行，直接进入最近的楼梯或出口，远离火源。

● 如果无法通过门离开，请用衣服遮盖任何裂缝以防止有毒气体的危害。如果烟雾弥漫在房间中，请迅速爬到可逃生的窗口，快速离开建筑物。

● 如果需要从窗户逃脱，请用重物砸碎玻璃。逃生之前，请确保被砸的玻璃没有锯齿状的边缘，以避免大腿动脉被划伤。

● 打开内部建筑物的门之前需快速试探门把手和门的温度，如果忽视这个环节，一旦被高温烫伤，将极大地影响逃生；如果门或门把手温度过高，意味着门外的火情严重，此出口已不适合逃生，请寻找另一条逃生路线。如果温度为常温，请缓慢打开它，以防止反向气流产生突然的热浪或火焰。

- 离开火情现场后，严禁再返回，以免造成二次伤害甚至失去生命。

- 忌惊慌失措、四肢瘫软、六神无主、盲目呼喊、随意奔跑、贪恋财物、轻易跳楼、乱开门窗、乘坐电梯等。

5. 遇地震

遇地震时，你该怎么办?

- 保护头部和颈部，躲在桌子下面。
- 远离窗户或可能落在身体上的物品。
- 不要在外面跑，掉落的物体可能会造成伤害。
- 请勿使用电梯。
- 除报告火灾或紧急医疗情况外，请勿使用电话。
- 关照受伤者，但除非绝对必要，否则不要移动他们。
- 待在安全的地方，除非存在危及生命的状况，否则请不要离开安全区域。
- 地震后，保持镇定，为可能的余震做好准备。

6. 遇劫持

遇劫持，你应该怎么办?

- 保持冷静，不要做无谓的牺牲，相信专业救援人员。
- 尽可能躲藏，将通信工具及手机改为静音，适合用短信等方式向警方求救，如有条件发出求救短信，主要内容应包括所在位置、劫匪人数、劫匪使用武器等。

● 保持头脑清醒，注意观察，以便需要时提供证言证词。

● 警方发起突袭的瞬间尽可能趴下。

● 被劫持人被救后，随警方快速离开现场。

7. 遇断电

突然断电的情况下，你应该怎么办？

● 保持镇定，不要让自己惊慌失措的样子影响到周边的人。

● 在安全的前提下，快速、有序地转移到有照明的地方。

● 如果是危险的处境，请留在原处，等待光线恢复或救援人员的到达。

● 除非必要，否则请勿自行撤离或采取其他紧急预防措施。

● 如果需要紧急帮助，请致电呼救。

8. 遇伤情

遇突发状况，须紧急医疗救治情况下，你应怎么办？

● 如果你受过紧急医疗救治培训或专业训练，请提供急救措施。

● 如果你能够帮助受害者，请致急救电话或让其他人致电。

● 要清楚描述出伤者的所在地点，受害者人数，所受伤害或疾病的类型，意识状态，受伤的严重程度（是否流血、是否可呼吸、头部是否受伤等）。

●在操作员提示挂断电话之前，请勿挂断电话。

●除非受害者的生命受到环境灾难的威胁（火、烟、爆炸等），否则请勿移动受害者。

●如果医疗事故是由事故引起的，请尽可能确保事故现场的安全，并使人员远离该区域。

●留在现场并提供信息或帮助。

●如果用救护车将受害者带走，请记住受害者前往医院的名称和位置。

●获取受害者的联系人姓名和电话号码。

9. 遇设备故障

遇电梯故障，你应该怎么办？

●按下开门按钮，如果门仍然没有打开，请按紧急警报按钮。

●如果电梯再次停止但门没有打开，请按另一个楼层的按钮并重复该过程；如果门仍然无法打开，请不要惊慌。

●如果轿厢不动，并且门无法打开，请尝试用较强的压力手动打开门。请勿使用工具（例如撬杆）打开门。

●请勿通过强行打开顶盖或进入电梯井道来离开轿厢，这是非常危险的。

●按下紧急警报按钮，快速拨通厢内救援专用电话，告诉工作人员你所在电梯的位置和大致楼层，请耐心等待，工作人员会在第一时间与维修人员联系，此过程时间非常短暂。

- 维修人员到达现场后请不要对工作人员大声喊叫，肆意宣泄负面情绪，更不可对现场工作人员进行人身攻击。要明了一个道理，此时任何一位工作人员比在场的群众更不愿看到设备出现故障，他们更心焦；如果此时作为现场的群众能够对快速赶到现场的工作人员道一声“辛苦啦”，那将是温暖人心的力量。

第四章

赛会志愿者服务

赛会志愿者是大型体育赛事的重要组成部分，赛会志愿者的参与对大型体育赛事的成功举办发挥了不可替代的作用。

本书作者自 1990 年第 11 届亚运会起，参与了众多世界级综合赛事的志愿者培训，其中包括北京第 29 届奥林匹克运动会通用志愿者、专业志愿者的课程研发，教材编写，线下培训及奥运颁奖人员选拔培训等工作。

本章是对作者三十年来参与的志愿者培训体系设计、课程研发、教材编写、线下线上教育培训经验的总结，希望通过本人的赛会专业志愿教育培训和通用志愿者培训的丰富经验，为读者介绍世界规模最大的冬季综合性运动会志愿者的赛会服务基础理论和实操技能。

第一节　通用赛会志愿者通识

一、志愿的概念

“志愿”在《现代汉语词典》中，做名词用时解释为“志向和愿望”，做动词用时解释为“自愿”。不管名词或动词的解释，“志愿”都是一个非常积极的词，包含着有思想、有理想的内涵。

成为一名冬奥会的志愿者，为冬奥会提供志愿服务，是社会向每一位公民倡导的志愿精神，也是公民应承担的责任。

二、志愿者的概念

志愿者的英文为 Volunteer，源于拉丁文中的 voluntas，

原意为“意愿”。联合国将志愿者定义为：“自愿进行社会公共利益服务而不获取任何利益、金钱、名利的活动者。”

《中国志愿服务大辞典》将志愿者定义为 “为公共利益而自愿且无偿地奉献自己的时间、精力和技能的个人”，也称为“志愿服务者”“志愿工作者”。广义的志愿者包括自然人之外的人群及组织等志愿服务主体；狭义的志愿者是指在志愿服务组织登记，不以获得报酬为目的，自愿帮助他人和服务社会的个人。

志愿者不仅是以实际行动在做好事，更是在服务、奉献的过程中获得成长，塑造自我，逐渐成为一个高尚的人、一个纯粹的人、一个脱离了低级趣味的人、 一个有益于人民的人。

三、志愿服务的概念

我们将以个体形式随时随地参与的志愿活动称为志愿行为，或者称为非正式志愿服务。将有组织的集体志愿行为称为志愿服务 (volunteer service)，或者称为正式志愿服务。按照《中国志愿服务大辞典》的解释，志愿服务广义上是指以造福近亲属以外的他人 (个人或团体) 或环境的所有活动；狭义上是指无偿为非营利机构工作，又称志愿工作。

四、志愿服务的特征

志愿服务具有自愿性、非报酬性、公益性的特征。

五、志愿精神

《中国志愿服务大辞典》解释，志愿精神是指自愿的、不为报酬而参与推动人类发展、促进社会进步和完善社区工作的精神，概括起来就是“奉献、友爱、互助、进步”的精神。

六、赛会志愿者应具备的品质

1. 具有优良的道德品质及高尚的情操。富有正义感与责任感，光明正大且诚实坦率。

2. 具有超越现状、不断进取的愿望。渴望学习，渴望掌握新知识、新技能；不怕艰辛与冒险；拥有直面困难并取胜的信心。

3. 具有赢得他人信赖的感染力及激励别人自觉行动的能力。这种品质使合作者自觉自愿地接受建议并与之配合。

4. 具有广博的知识。这是开展赛会志愿者服务的重要基础。

5. 具备较强的忍耐力。赛会志愿者在服务中会遇到许多

意外的困难和挫折，需要高度的忍耐力。忍耐力在一定程度上也是一种沟通能力和传播能力。忍耐是一种涵养，也是一种情操，更是一种智慧。赛会志愿者能够为取得成功而付出必要代价，要能够承受长时间艰苦的工作。

6. 具有较强的判断能力和组织能力。赛会志愿者服务时常要应对复杂的局面或突发事件，这要求志愿者应具备判断能力，并积极应变，根据经验综合各种信息，对环境和形势做出冷静的、客观的、全面的分析，进而做出明智的判断并采取得力的措施。赛会志愿服务是一项各个环节紧密相连的工作，对志愿者提出了较高要求。

7. 具备出色的人际交往能力。赛会志愿服务是一个对外窗口。赛会志愿者为各国来宾提供服务，因此赛会志愿者必须具备综合能力才能胜任所承担的工作。

8. 具备良好的心理素质。这是赛赛会志愿者必须具备的一项基本素质。赛会志愿者遇到意外时能够理智、有礼有节、不失态，具有控制能力；面对大是大非、突发事件时能够处变不惊、临危不乱、稳妥处事。

9. 具有合作精神。善于与他人一起工作并能够调动别人一起工作，能够与合作者和睦相处、和谐共事，乐意解决棘手的难题。能够公正、客观地评价他人，能够发现他人的优点。这是赛会志愿者须具备的能力。

10. 具有灵活性。赛会志愿者需要有能力适应新的程序和不断变化的工作条件，能够寻求解决问题的新途径。应思想开放，善于接受他人的建议，不抵制异己，以豁达的胸怀欢迎新设想、新方法以及能够改进事物的新观念，只有这样才能更好地服务于冬奥会。

七、赛会志愿者应具备的知识

赛会志愿者须了解赛会相关竞赛项目的专业知识及历届赛事的基本情况；熟悉赛会场馆、赛会竞技场、赛会比赛项目等；具备赛会志愿者道德规范要求；了解赛会志愿者在赛会的地位和作用；熟悉赛会志愿者的纪律要求；熟悉赛会志愿者的法规知识、国家安全知识、消防知识、保密规定等。

赛会志愿者须具备丰富的心理知识，具有献身精神和团结互助的品质，拥有良好的礼貌修养。

赛会志愿者须掌握岗位规范细则的通用性部分、专业性部分、岗位性部分。赛会志愿者要服务规范，对迎送服务、赛场服务、仪式服务、生活服务、参观游览服务等有所了解；熟悉赛会志愿者应急服务对策并能够正确处理矛盾；掌握赛会志愿者涉外服务规范，如涉外活动基本原则、涉外服务规范与禁忌、主要国家风俗禁忌等。

八、赛会志愿者纪律要求

赛会志愿者应自觉遵守岗位纪律，保障岗位服务有效进行，树立团队的良好形象。

赛会志愿者应清醒地认识到，自己在赛会中提供的绝不仅是简单的服务，而是肩负着赛会精神的弘扬、赛会理念的践行、赛会文化的传承、当代中华民族优秀文化及人民精神风貌展现的责任和使命，所以具备优良礼貌修养的赛会志愿者提供的服务会被世界接受和认可。

每位赛会志愿者在上岗前都要接受严格的培训，并学习相关的理论知识，掌握各种服务技能。尽管赛会志愿者具有相同的热情，但不同服务岗位的赛会志愿者服务规范却有所不同，这其中的差异也需要赛会志愿者特别注意。

九、志愿者涉外交往原则

1. 维护国家利益的原则

既要维护组委会的利益、尊严，又要尊重其他机构的利益和尊严；不出卖国家利益；平等友善，以礼相待。

2. 遵守外事纪律的原则

赛会志愿者在涉外服务中要坚持维护国家主权和民族尊

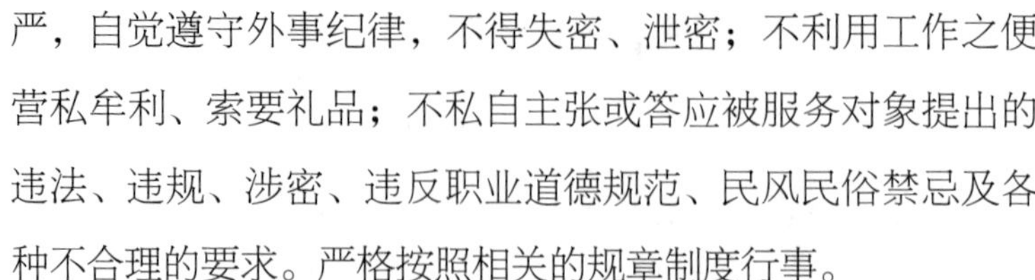

严，自觉遵守外事纪律，不得失密、泄密；不利用工作之便营私牟利、索要礼品；不私自主张或答应被服务对象提出的违法、违规、涉密、违反职业道德规范、民风民俗禁忌及各种不合理的要求。严格按照相关的规章制度行事。

3. 注重信誉、恪守约定的原则

国际交往中十分重视信誉，讲究“言必信，行必果”。赛会志愿者要慎重许诺，正式承诺必须量力而行、慎之又慎，切勿信口开河、草率许诺。应努力恪守约定，兑现承诺，如约而行。

4. 尊重隐私的原则

赛会志愿者在工作岗位中必须严格遵守“尊重隐私”的原则。在国际交往中，下列八个方面的私人问题，均被视为个人隐私问题：收入支出、年龄大小、婚恋状况、身体健康、家庭住址、个人经历、信仰政见、从事工作等。

赛会志愿者尊重被服务对象的个人隐私权，首先应自觉地避免在交谈时主动提及这八个禁忌问题。

5. 尊重国际惯例的原则

在涉外服务中遵守国际惯例及尊重习惯，尊卑有序，基本的规则是右为上，左为下。

女士优先是国际社会尤其是西方国家通行的惯例之一。在服务中注意尊重、照顾、关心、保护妇女。

十、志愿者涉外交往保密守则

涉外交往中要热爱祖国，保持民族气节，不做有损国格人格的事；严守纪律，严格执行请示报告制度，不拿原则做交易，不利用职权牟私利，自觉抵制腐朽思想侵蚀；懂得涉外保密知识和防间知识，具有应变能力。

在涉外服务中既要做到热情友好、以礼相待，又要分清内外、提高警惕，防范各种可能的情报窃密活动。遇到境外人员要求去控制开放区和非开放地区（包括军事设防地区），应当按照国家有关规定办理审批手续。凡接待境外人员参观的单位，应从实际出发，规定参观区域、路线，有禁区的要明确标明禁区，向参观人员介绍情况不得涉及国家秘密。参加国际会议服务，不得携带属于密级的文件、资料和其他物品，如确需携带，应经过批准，并严加保管。不在外方人员面前谈论国家秘密事项，不得让外方人员接触属于国家秘密的文件、资料等，如确实需要时，必须经过相关部门批准。

遇有境外组织、机构和人员来电、来函、来访了解情况、索取资料时，应及时向主管部门请示，不得擅自回复，更不得在回复中涉及国家秘密。

第二节　赛会志愿者岗位服务规范

一、仪容仪表

赛会志愿者应对自己的容貌进行必要修饰。仪容的基本要求是保持健康、干净、清爽、卫生、整齐的状态。服装要得体，仪容要大方。经常修剪指甲，男士不留长发，女士不留怪异发型，不披头散发。

二、举止表现

赛会志愿者应落落大方、端庄稳重、和蔼可亲，既不去阿谀奉承，也不能盛气凌人。

1. 行走

行走时应精神饱满，忌手插入裤袋行走。不宜左顾右盼，不可边吃东西边走路。切忌随地丢垃圾或吐痰。

路遇长者，应表达敬意；道路拥挤，应礼让老弱妇孺；途中撞到别人，应及时表达歉意。

如欲超越前行者，应侧边绕过，不可强闯。

男女二人同行，并排为宜；行进中不宜勾肩搭背，或挽手同行。

多人行，以最前者为尊，宜成列不宜成排，避免影响他人。

接近门口，赛会志愿者应主动为他人提供开关门、示意方向的服务。开门后，应礼让被服务者先行，自己随后。

2. 见面

赛会志愿者与被服务来宾见面时，视对象、场合的不同，礼节禁忌也有所差异。

对日本、韩国等亚洲国家，用行鞠躬礼表达敬意是常见的礼节。

鞠躬礼分为屈体点头，鞠躬 15 度、30 度和 45 度等。基本原则是：在一特定的群体中，应向身份最高、规格最高的长者行 45 度鞠躬礼；身份次之的行 30 度鞠躬礼、身份对等的行 15 度鞠躬礼、高频接触则屈体点头致意即可。

3. 握手

握手是大多数国家见面和离别时相互致意的礼节。人们通常是在相互介绍和会面时握手，关系亲近者相遇时可边握手边问候；年轻者对年长者，身份低者对身份高者则应稍稍屈体，双手握住对方的手以示尊敬；男子与妇女握手时，忌长时间、过分热情及过分用力。

握手的顺序是：应由主人、年长者、身份高者、妇女先伸手，同来宾客、年轻者、身份低者应等待对方伸手致意问候。

男子应待女子伸出手后再伸手相握，如女子无握手之意，男子不应贸然握手，而应点头鞠躬致意。

多人同时握手注意不要交叉，待别人握完再伸手。男子在握手前应先脱下手套、摘下帽子。握手时双目注视对方，微笑致意，不要目视他人。

赛会志愿者主动、热情、适时的握手是很必要的，这样做会增加亲切感。

握手除是见面的一个礼节外，还是一种祝贺、感谢或相互鼓励的表达。如对方取得某些成绩与进步时，对方赠送礼品时以及发放奖品、奖状、发表祝词讲话后等，均可以握手来表示祝贺、感谢、鼓励等。

4. 介绍

赛会志愿者为他人介绍，须事先了解双方、多方的情况，忌贸然行事。无论自我介绍或为他人介绍，态度都要自然。

例如，于正在交谈的人中，有你所熟识的，便可趋前打招呼，等待这位熟人将你介绍给其他来宾。为他人介绍时还可说明此人与自己的关系，便于新结识的人相互了解与信任。介绍具体人时，应有礼貌地以手示意，忌用手指戳点。

介绍有尊卑之别，应把身份低、年纪轻的首先介绍给身份高、年纪长者。在此需要强调的是如何更加得体地介绍主宾双方或多方，仅依赖某些教条的礼节设定是远远不够的，更多的情形是需要赛会志愿者依据具体情况灵活运用。

5. 致意

赛会志愿者在服务区域内的公共场合路遇被服务对象时应主动致意，并致以“你好”的问候。在相距稍远的时候可举右手打招呼并点头表达问候。

在工作场合遇见身份高的领导人，应礼貌屈体致意，不应主动上前握手问候。只有在领导人主动伸手时，才可握手致意。如遇到身份高的熟人，在仪式场合忌径直前去打招呼，而应是在对方仪式结束后，适时前去问候致意。

6. 拥抱礼

这种礼节多用于热情友好的场合，或与习惯用此礼节的被服务对象见面的场合。拥抱礼施行的方法是：两人相对而立，右臂偏上，左臂偏下，右手扶住对方右后肩，左手扶住对方的右后腰，按各自方位，两人头部及上身都向左，相互拥抱，

然后按同样姿势向右再拥抱，最后再向左拥抱，礼毕。

7. 亲吻礼

多在法国、意大利、西班牙等国家流行。根据双方的身份和关系，可亲吻额头、面颊、嘴唇和下颏。但是在社交场合，一般仅贴面颊。我们在与外国朋友见面时，一般不行亲吻礼。如对方行礼，且无恶意，可贴下面颊。

8. 合十礼

印度和东南亚等佛教盛行地区喜用的礼节。行礼方法是：两个手掌在胸前对合，五指并拢向上，微微欠身低头，当外国朋友向我们施以这种礼节时，为表示尊重对方，我们也可以照样还礼。

9. 举止禁忌

行为举止是无声的“语言”，它真实地反映了赛会志愿者的素质、受教育的水平及被人信任的程度。接待人员要站如松，身姿挺拔、舒展俊美、庄重大方，不要过于随便，探脖、塌腰、耸肩、弯腿、抖足或双手叉腰及放在裤兜里均不足取；要坐如钟，不可前倾后仰、歪歪扭扭、高跷二郎腿；行走如风，步态要协调稳健、轻松敏捷，忌弯腰驼背、歪肩晃膀、扭腰摆臀、左顾右盼。手势不宜单调重复，打招呼、致意、告别、欢呼、鼓掌都要注意，尤其谢绝当众搔头皮、掏耳朵、剔牙、咬指甲、挖鼻屎、搓泥垢、打哈欠、修指甲、揉衣角、咳嗽、吐痰、打喷嚏等不雅行为。向他人致意、鞠躬、介绍、递物、接物都要诚心诚意。咳嗽、打喷嚏时，应用手帕捂住口鼻，面向一旁，避免发出大声。

三、服装服饰

注意自己的服饰和仪表，无论穿着何种服装，都应当清洁、整齐。衣服要熨平整，裤子要熨出裤线。衣领袖口要干净，皮鞋要上油擦亮。穿中山装要扣好领口、领钩、裤扣，长袖衬衣要将前后摆塞在裤内，袖口不要卷起。穿短袖衫时，下摆不要塞在裤内。长裤不要卷起。任何情况下不应穿短裤参加涉外活动。

四、环境卫生

赛会志愿者在任何情形下均应杜绝随地吐痰、随地丢弃杂物的不良习惯。要注意保持地毯、地板的清洁。吃食品时把骨、刺、牙签、面巾纸等物置于餐盘中；忌随手丢弃个人小件不洁物品，如确有所需请丢至垃圾桶或暂时放入自己的口袋中。保持工作现场的清洁，忌用脚蹬踏物品。进入地面

干净的室内，应先在门口踏擦鞋底再进入。雨、雪天应把雨具放在指定之处，忌把雨水、雪水、泥巴等带入室内。

五、倾听交谈

赛会服务中倾听与交谈是必不可少的，是双方合作的基础。人们的身份、地位和品位不尽相同，因此，交谈中选择什么样的话题，采用什么样的语言和口吻，都有所不同。注意使用解释与概括的方法，使对方尽快领会谈话意图。

总体原则：态度诚恳、语气和蔼、表达得体、措辞适度。

在交谈前要了解对话者所属国家和地区的基本情况和与中国关系等现状，以便做到心中有数。谈话时要注意以下几点：

1. 先思后言原则

说话之前，应对自己要说的话稍作思考，不要脱口而出。那种讲话不思考、偏离话题、无的放矢地乱说，会给人以浅薄之感。交谈中，有时难免失言，尤其是在心情激动时，更容易失言。一旦失言，要视具体情况，采取补救措施。

2. 注意倾听原则

我们谈话时要面向被服务对象，不要只和翻译小声嘀咕，也不要左顾右盼，以示尊重。听人说话，要聚精会神，还要做出积极反应，有什么想法和感受，通过点头、微笑、手势、体态等不同方式表现出来。不要轻易打断别人的发言，即使不同意别人的意见，也要耐心听完，然后再阐明自己的观点。谈话时，不要急于下结论，过早表态会使交谈中止。如对他人的谈话不感兴趣，可设法巧妙地转变话题，切忌粗暴地打断别人的讲话。

与被服务对象谈话时，如果没有听明白，不妨再问一次。同样，如发觉来宾对我方谈话有未领会的神情，应通过译者解释清楚。

3. 随机应变原则

与被服务对象初次交谈，可以谈天气、饮食、体育运动等。切忌谈年龄、收入、个人物品价值、婚姻状况、宗教信仰等，更不要以别人的生理特点为话题。最好结合所处环境，就地取材引出话题。机智与幽默在谈话中是极为宝贵的，说几句笑话或俏皮话，会大受欢迎。

4. 善于提问原则

提问是展开谈话或转换话题的一个好方法。提问的好处在于：第一，通过发问来了解不熟悉、不清楚的内容；第二，将对方思路引导到某个要点上，或对某一个问题做进一步阐述和说明；第三，打破冷场，避免僵局，提问首先要注意内容，不要问对方难于回答的问题，也不应询问对方忌讳的问题，

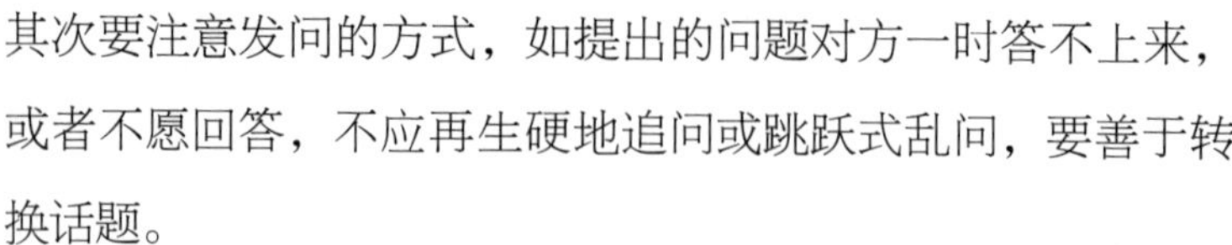
其次要注意发问的方式，如提出的问题对方一时答不上来，或者不愿回答，不应再生硬地追问或跳跃式乱问，要善于转换话题。

5. 避免争执原则

服务中难免遇到令人不愉快的人和事，在这种情况下要彰显胸怀与修养，避免与任何被服务对象发生争执，不说讽刺的话、伤人自尊心的话、揭短的话或易引起他人攻击的话。

6. 注意隐私原则

避免谈论宗教、政治和过于私人的问题，这是志愿者在赛会服务中一个非常重要的注意事项，希望引起重视。

7. 不吝啬赞美原则

适当的赞美必然会赢得对方的好感。无论小孩、大人还是老人，都喜欢收到赞美。不过赞美必须得体，否则流于谄媚，不但会引起大家的反感，且会让人怀疑谄媚的动机。而被赞美者，切不可喜形于色，须反应得体。

8. 落落大方原则

同被服务对象谈话声音高低应适当、态度诚恳且自然。称赞对方不宜过分，适当即可。

六、称谓的礼节

由于各国的语言不同，社会制度、风俗习惯各异，因而称呼外国运动员的称谓差别很大。如果称谓错了，不但会使对方不高兴，甚至还会出现误会，造成不良的政治影响。

在赛会服务中，按照我国惯例，对于多数国家的来宾，一般对男子均称某某先生，女子称夫人、女士或小姐。

对于地位较高的官方人士，一般是指政府部长以上的高级官员，按其国家情况可称"阁下"，如某某"总统阁下""主席阁下""部长阁下"等。但是美国、墨西哥、德国等国却没有称"阁下"的习惯，因此对这些国家的贵宾可称先生。

对君主制的国家，按习惯对其国王、皇后可称为"陛下"，对其王子、公主或亲王可称为"殿下"。对其公、侯、伯、子、男等有爵位的人士，既可称谓其爵位，也可称谓阁下或者先生。

七、进入运动员私密空间的礼节与禁忌

赛会志愿者因工作必须进入运动员私密空间时均应预先约定、告知，并按时抵达。进门先按铃或敲门，经应允后方得进入。如无人应声，可稍等片刻后再次按铃或敲门（但按铃时间不要过长）。无人或未经允许，则不得擅自进入。

因事急或事先并无约定，但又必须前往时，则应尽量避

免打搅对方。如不得已，必须在休息时间约见对方时，则应见到约见人后先致歉意，说“对不起，打搅了”，并说明打搅的原因。经允许或应主人邀请，可进入室内。尽管有时洽谈的事情所需时间很短，也应进入室内，不要站在门口进行谈话。未被邀请进入室内，则可退到门外，在室外进行谈话。进入室内，如说话所需时间较短，则可不必坐下，事毕及时告辞；如所需时间较长，则可在邀请后入座。在预先并没有约定的情况下，谈话的时间尽量不要过长。

赛会志愿者禁止利用工作之便违纪拍照，更忌追踪尾随运动员强行拍照。

八、收受与馈赠礼物的礼节与禁忌

原则上志愿者在赛会服务中不可收受被服务者的小费、礼品等。可婉言谢绝的应婉言谢绝，坚决杜绝追随索要，更严禁将服务岗位上的公共财物占为己有。

如果对方确实真情真意，无法推托的，可留下有纪念意义的小礼品，并对此表示感谢，并回赠他们小礼品。

赛会志愿者承载着传播优秀的、先进的中华民族文化的责任和使命，所以赛会志愿者仅有满腔热情是不够的，还需要拥有良好的志愿者礼貌修养、良好的行为规范以及将这些美德转化为贡献志愿服务事业的行为能力。

第三节 赛会志愿者应了解的礼宾知识

作为志愿者，最大限度地了解与赛会相关的礼宾工作要求是必须的，它对志愿者有效开展志愿者服务，无疑是具有积极的作用和帮助的。在此，特别为志愿者介绍一些与赛事相关的礼宾知识，希望志愿者能够悉心学习和体会。

中国自古以来被誉为礼仪之邦，新中国成立后，我国的礼宾工作继承和发扬了传统礼仪，借鉴了国外礼仪优秀的做法和惯例，在长期实践中形成了自己独特的风格，并在对外工作中收到了良好的效果。我国的礼宾工作特点有三条：

根据我国的社会、经济特点和外事工作的需要进行礼宾安排，使礼宾工作适应我国对外政策和策略的要求；

体现我国在国际交往中大小国家一律平等的原则，尊重各国的风俗习惯，不强加于人；

注意调查研究，做到礼宾安排有针对性，重礼仪、重实效，不讲排场、不事铺张，同时注意生活照料，尽量热情周到。

一般说来，各种对外交往活动，如迎送、会见（拜会）、会谈、宴请、文艺晚会、电影招待会、体育表演、舞会、庆贺与凭吊等，国际上都有一定惯例，但各国往往又根据本国的特点和风俗习惯，形成了独特的风格，或者根据特殊的需要灵活变通。举办任何一项对外交往活动，都需要做大量细致的工作。因此要求每一个涉外工作人员既要有高度的政治责任感，又要熟悉和了解各方面的业务知识，还要有严谨又不失灵活的工作作风。

一、迎送礼节概述

迎来送往是常见的社交礼节。在国际交往中，对外国来访的来宾，通常视其身份、访问性质以及两国关系等因素，安排相应的迎送活动。

各国对外国国家元首、政府首脑的正式访问，往往都会举行隆重的迎送仪式。对军方领导人的访问，也应举行一定的欢迎仪式，如安排检阅仪仗队等。对其他人员的访问，一般不举行欢迎仪式。然而，对应邀前来访问者，无论是官方人士、专业代表团或是民间团体、知名人士，在他们抵离时，

均安排相应身份的人员前往机场、车站或码头迎送。对长期在本国工作的被服务对象和外交使节、专家等，他们到任离任时，各国有关方面应安排相应人员迎送。

二、迎送规格的确定

对来宾的迎送，各国做法不尽相同。确定迎送规格，主要依据来访者的身份和访问目的，适当考虑两国关系，同时要注意国际惯例，综合平衡。主要迎送人通常都要同来宾的身份相当，但由于各种原因（例如国家体制不同，当事人年高不便出面，临时身体不适或不在当地等），不可能完全对等。遇此情况，可灵活变通，由职位相当的人士，或由副职出面。总之，主人身份要与来宾相差不大，同来宾对口、对等为宜。当事人不能出面时，无论做何种处理，应从礼貌出发，向对方做出解释，其他迎送人员不宜过多。也有从发展两国关系或当前政治需要出发，破格接待，安排较大的迎送场面。然而，为避免造成厚此薄彼的印象，非有特殊需要，一般都按常规办理。

三、迎送贵宾程序

必须准确掌握来宾乘坐的航班、车次、船次的抵离时间，及早通知全体迎送人员和有关单位。如有变化，应及时通知（由于天气变化等意外原因，飞机、火车、船舶都可能不准时）。一般大城市，机场离市区较远，因此，想要顺利地接到来宾，就要准确掌握抵离时间，提前到机场、车站和码头等候。

如来宾乘坐航班离开，应通知其按航空公司规定时间抵达机场办理相关手续（身份高的来宾，可由接待人员提前代办手续）。

参加迎送的我方同志应按时到达集合地点，切不要迟到、早退。因故不能参加时，应及早通知接待单位，以便另行安排，以免失礼。

到机场或车站、码头迎送时，要听从有关同志的指挥和调动，不得擅离岗位。如要拍照片，动作要迅速，不可让被服务对象等待过久。如安排献花，须用鲜花，并注意保持花束整洁、鲜艳，忌用菊花、杜鹃花、石竹花、黄色花朵。有的国家习惯送花环，或者送一、二支名贵的兰花、玫瑰花等。通常在参加迎送的主要领导人与来宾握手之后，由儿童或女青年将花献上。有的国家由女主人向女宾献花。

来宾与迎接人员见面时互相介绍。通常先由我方负责礼宾工作的人员或翻译人员将欢迎队伍成员按其身份依次介绍给来宾。如没有礼宾工作人员或翻译人员在场，也可以由我方迎送人员中身份最高者或其他人员介绍，或者由熟悉来宾的人员出面介绍。有些国家（如日本）的来宾习惯用交换名片的方式来介绍自己的姓名和身份，即双方初次见面时，将自己的名片递给对方，使对方一目了然，这也是一种相互介绍的有效方式。在双方介绍时，遇有被服务对象主动与我方人员拥抱时，我方人员可做相应的表示，不可推却或勉强应付。

当被服务对象抵达后，从机场、车站或码头往返住地，一般都要安排迎送人员陪同乘车。主人陪车，应请来宾坐在主人的右侧。如果是三排座轿车，译员应坐在主人前面的加座上；如果是两排座，译员应坐在司机旁边。上车时，最好让来宾从右侧门上，主人则从左侧门上，以免从来宾座前穿过。如来宾先坐到了主人的左侧座位上，则不必再请来宾移动位置。当主人替来宾关车门时，要先看清来宾是否已经坐好，切忌过急关门，以防夹痛或夹伤来宾的手脚。

四、一般来宾的迎接

迎接一般来宾，无官方正式仪式，需提前做好各项礼宾工作安排。如是首次接待的来宾，接待人员应主动表达敬意，主动自我介绍，即使是多次接待的来宾也需要严格按照仪式办理，如致意、问候等。如接待代表团或是大批来宾，应事先准备特定的标志，如小旗或牌子等，让来宾从远处就能看到，以便来宾主动前来接洽。

五、迎送工作中的几项具体事务

迎接身份高的来宾，事先预定机场、车站、码头的贵宾休息室，准备饮料。

如有条件，在来宾到达之前将住房和车牌号通知来宾。如果做不到，可印好住房、乘车表，或打好卡片，在来宾刚到达时，及时发到每个人手中，或通过对方联络秘书传达。这样既可避免混乱，又可以使来宾心中有数，主动配合。

来宾抵达住处后，一般不要马上安排活动，应稍事休息，起码留下更衣时间。

六、会谈会场布置

会谈通常要根据双方或多方的身份、会谈的目的和参加会谈的人数来安排会场。对会谈的时间、地点和双方参加人员的名单，事先必须准确掌握，并及早通知有关人员和有关单位做好必要的安排，主方人员还应适当提前到场。

会谈场所的座位要足够。如果会谈厅或会谈室面积较大，人数又较多，主谈人说话声较低的，还应安装好扩音器。会谈桌事先要排好座位，现场放置中外文座位卡，卡片上的字体应工整清晰。在会谈会场的正门口，还要安排迎送者。

七、会谈席位安排

如果是双边会谈，席位安排常采用长方桌，但也有用椭圆桌或圆形桌的，宾主相对而坐。以正门为标准，来宾面向正门，主人占背门一侧，主谈人居中。以主方为标准，译员可安排在主谈人右侧，也可安排坐在背后，其他人则按礼宾顺序左右排列，记录员安排在后面。如参加会谈人数少，也可安排记录员在会谈桌就座。会谈长桌一端向正门时，以入门方向为标准，右面为客方，左面为主方。

多边会谈的席位安排可摆成圆形或方形。小范围的会谈也可不用长桌，只用沙发，双方席位安排可以宾主各坐一边，也可穿插坐在一起。习惯上，来宾常坐在主人右边，译员、记录员则安排坐在主人和主宾的后面。主方的陪见人员都在主人一侧就座，其他来宾则按礼宾顺序在主宾一侧就座。

八、合影留念

活动结束后如有合影安排，事先应按礼宾顺序排好合影图。合影图一般由主人居中，以主人的右手为上，主方和客方人员应间隔排列。站第一排的人员，既要考虑到他们的身份，也要考虑到场地大小；应该尽量使在场人员都能被摄入镜头。一般来说，第一排的两端，应由主办方人员站在两侧。

第四节　赛会志愿者的心理建设

有经验的志愿者会提前做好心理准备，从容应对困难，即使遇到困难和问题，也能够自我减压。

首先我们要知晓在赛会服务中志愿者将面临哪些压力。

身体方面的压力：连续参加志愿服务容易造成身体疲劳，有时候也面临身体不适的情况，加之天气等自然因素影响等，长期从事服务工作，往往热情会退去，动力会衰减，或感到成就感不如预期，导致情绪不佳甚至身体不适。

人际交往方面的压力：参与志愿服务是一种社会行为，要与人沟通，与人合作，与人相处，协调一致，志愿者团队如果不能形成默契合作，个人的付出得不到团队的理解和支持，则会感到压力。

处理日常生活与志愿服务之间关系的压力：参与志愿服

务可能是比较固定的持续性服务，志愿者还有自己日常的工作、学习和生活。两者之间可能会发生冲突，顾此失彼，如果不参加服务会感到自己“不守承诺”，在道德上自我追责；如果参加服务，占用时间过多，家人和朋友不理解、不支持，常常会处在两难的取舍之间。

所需专业知识技能不足的压力：由于缺乏专项的培训和相应准备，因此服务可能会无所适从。

处理突发事件的压力：由于某些不可预见的因素而导致的意外、事故、冲突，产生紧张和焦虑情绪等。

一、志愿者自我减压建议

应对挫折可以采取以下方法。

1. 将复杂的问题简单化

保持积极心态，学会正确调节自己的心态和情绪，学会如何正确地分解目标，享受志愿服务的经历，有不愉快的事情要拿得起，放得下。

2. 调整认知

通过认知调整，对客观情况与内心的需要做出平衡，平复激动的情绪。

3. 降低期望值

自我肯定激励，对他人评价建立自己的定位，对外界“回报”认知的改变，情绪会相应发生变化。志愿服务原本的意义就在于通过服务奉献体会到高尚情怀，通过锻炼获得自我成长。

4. 建立合理信念

分别列出引发不良情绪的事件，找出对不良事件认识上的非理性观念，通过纠正对非理性观念的认识，找出合理的观念，就能达到情绪的改变。

5. 学会控制情绪的方法

恰当地宣泄和转移不良情绪，积极的自我暗示和自我安慰，促进情绪升华。

二、志愿者自我减压方法

1. 静一静

冷静是对人的意志、决心和勇气的锻炼，是对人综合实力的检验。经过千锤百炼，人才能成熟起来。吸取教训，不犯或少犯重复的错误。

2. 比一比

及时调整心态，不因小败而失信心，不因小挫而失锐气。要找出自己的优势和特长，充分发挥自身优势。要找到别人的长处，以取长补短。人生的转折点往往始于失败，失败使人清醒、冷静和振作，使生命之帆重新扬起。

3. 放一放

如果不是急事大事，索性放下，不去管它，过几天或许会有更清醒的认识、更合理的打算。把握好眼前的时光，莫让它白白流逝。必要时可放弃原来的打算，重新安排其他事情。有得必有失，想在方方面面都有建树很难。经过慎重选择后，得到的会心安理得，失去的会心甘情愿，没有紧张和焦虑，没有沮丧和失望。

4. 让一让

常有这样的现象：狭窄的街口桥头，几辆汽车挤作一团，互不相让，谁也过不去。若有几辆车风格高一点，先退出来，则所有的车辆都可畅行无阻。人生也是这样，姿态高一些，眼光远一点，从长计议，不在一时一事上论长短，退一步会海阔天高。

三、志愿者自我减压途径

1. 自我提升

强化帮助别人、成就自我的意识，坚持助人自助的信念，寻找在志愿服务中的启发、收获与成长，积累那些感人、动情的瞬间。

2. 积极获取社会支持

如同学、老师、管理人员、家庭、朋友都是社会支持网络的重要组成部分，当自我感觉压力过大时，与信赖的人一起多谈心，多沟通，不要隐瞒自己的焦虑，倾诉生活中的烦恼，并且倾听他人的想法，有助于减少和缓解压力。

3. 寻求专业帮助

对于人来说，主动倾诉是非常重要的能力，比如寻求心理咨询师的帮助，一些对同学、老师、家人不愿意说的事情，可能跟心理咨询师倾诉比较安心。这种倾诉的过程就是释放压力的过程，同时也可以获得别人的帮助和指导。

四、有效解决压力的办法

1. 事前做好充分准备

参与赛会志愿服务是一件非常郑重的事情，不能仅仅凭借一时热情迸发就不顾后果地投入，在决定是否参与志愿服务之前，首先要对自己做一个全面的评估。

要多问问自己为什么来。准备尝试一下，还是长期坚持？我的目标是什么？希望得到什么收获？我有什么能力和资源？能够胜任吗？还需要什么准备？

一旦做出选择，就要提前做些功课，学习新知识、掌握新技能、树立新理念，随时评估自己的目标，不忘初心才能持之以恒。

2. 事中面对压力，从容应对

保持平常心态，遇到问题时赛会志愿者首先要做到心平气和、冷静应对、理性思考并积极寻求帮助，在不伤害自己和他人的前提下选择妥善的解决方法。

3. 事后调适，消除影响

及时调适，逐渐化解压力带给赛会志愿者身体、心理、工作和学习的影响，寻求必要的支持，向专业人员寻求帮助，以防止压力扩大化、持久化。

第五节　赛会志愿者拥有的权利

1. 赛会志愿者值得尊重。

2. 赛会志愿者人身安全最重要。不能从事可能危及社会和他人安全的活动。

3. 赛会志愿者有知情权。赛会志愿者对所从事的赛会志愿服务信息应有全面了解，包括风险程度、服务领域、服务内容、服务对象、服务边界等。

4. 赛会志愿者要经过教育和培训。赛会志愿者不仅要接受公益慈善的理念，在赛会志愿服务前，还须接受必要的培训，学习履行与赛会服务行为相适应的赛会相关知识、赛会服务技能，以便更好地满足赛会志愿服务活动的要求，保证赛会志愿服务质量。

5. 赛会志愿者可以优先获得帮助权。赛会志愿者因赛会志愿服务受到伤害或导致家庭困难，应优先享有获得经济、医疗、法律帮助的权利。

6. 赛会志愿者请求解决问题权。在赛会志愿服务过程中，赛会志愿者、赛会志愿者组织、接受赛会志愿服务的赛会组织或者个人在赛会志愿服务活动中如果发生争议，赛会志愿者可依法向人民法院提起诉讼。赛会志愿者组织应当支持受损害的赛会志愿者向有关责任者追偿损失并提供必要的帮助。

7. 志愿者有监督权。志愿者有权对志愿组织章程和志愿服务活动的进程，对志愿服务经费的筹集、使用和管理进行监督，以保证其合法性和有序性 。

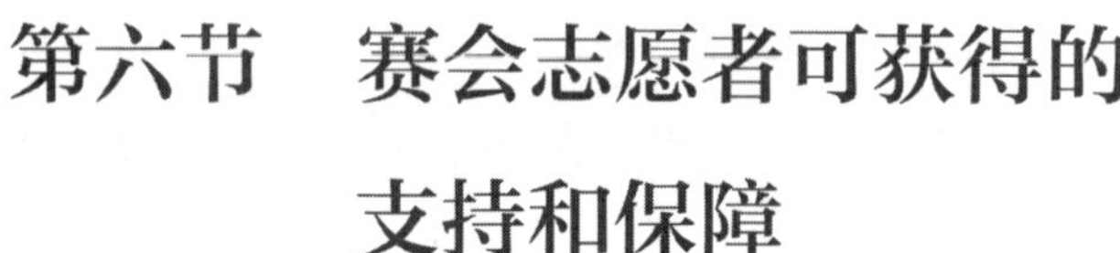

第六节　赛会志愿者可获得的支持和保障

赛会志愿服务机构和赛会志愿者服务的组织者，要从促进志愿服务事业长远发展的高度，关心、爱护志愿者，为他们营造良好的社会环境和服务氛围 。

1. 对赛会志愿者进行培训、指导和安全教育，提高赛会志愿者自我防范意识，掌握必备的自救、自卫知识和技能。

2. 与赛会志愿者个人、赛会志愿者所在单位签署协议，明确双方的权利与义务，志愿组织应为志愿者购买人身意外伤害险和公共责任险、医疗保险、意外事故保险。

3. 为赛会志愿者提供支持和帮助，并配备一定数量的专业咨询人员，疏导志愿者的紧张、焦虑情绪。

4. 完善管理机制，建立必要的系统，明确服务定位、服务内容、服务时间等，协调落实志愿者服务活动，为志愿者提供必要的保障，如工具、交通、餐饮等。

5. 对志愿者进行激励，对服务活动和项目进行评估。

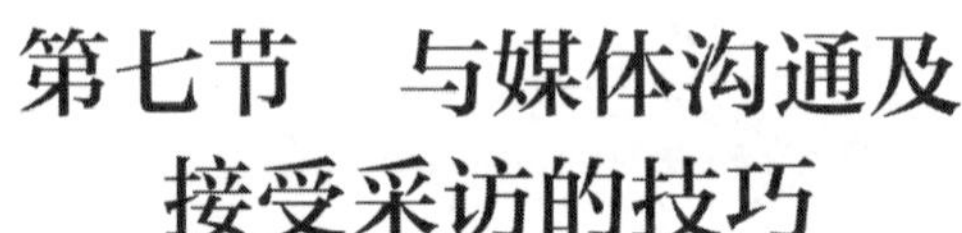

第七节　与媒体沟通及接受采访的技巧

一、接受采访应遵循的原则

赛会志愿者是赛事期间媒体关注的重点群体之一。每一位记者的背后有成千上万的读者、听众和观众，面对媒体，志愿者所说的每一句话代表的都不仅仅是志愿者个人。作为志愿者，要尊重媒体、重视媒体，让观众通过媒体更多地了解冬奥会和志愿服务工作。

面对媒体的采访应遵守下列行为原则。

1. 遵循真实、坦诚的原则

赛会志愿者在得到允许的情况下面对媒体的采访，应坦诚相待，以事实为依据，客观真实地传递信息，这也是树立赛会志愿者良好媒体形象的公信基础。

赛会志愿者如果对记者问及的情况不甚了解或者没有把握，宁可少说或者不说，绝不可以说假话，不可以胡编乱造。在把握政策的前提下，不回避，不隐瞒。对媒体的任何隐瞒和欺骗，一旦被识破，经媒体曝光，都将产生极其恶劣的后果。

2. 遵循前后一致的原则

赛会志愿者面对媒体发表言论，必须前后一致。发表对特定事件的看法时，首先要对该事件有完整的了解，经过成熟的思考，做出准确的定性，然后再发表自己的观点和看法。无论是对所陈述的特定事件的内容，还是对事件所发表的看法、所持的态度要前后一致，切不可自相矛盾，否则将严重损害党和政府的公信力，同时也会严重损害赛会志愿者个人的媒体形象。

3. 遵循适度的原则

一要掌握说话的度。一分事实说一分话。对于突发的事件，如果还没有弄清楚事件的性质和真相，就只能描述性地介绍事件现场的客观情况，绝不可以随意评价或妄加猜测。

二要把握职责的度。对于自己职责以外或者业务范围之外的事件，要实事求是地说明情况，不宜轻易发表看法。

三要掌握时间和内容的度。对于某些敏感事件，什么时候可以说，什么时候不可以说；什么内容可以讲，什么内容不可以讲，都需根据相关政策、精神、要求，认真思考、掌握合适的度。

四要把握与媒体距离上的度。作为赛会志愿者，和新闻媒体相处要保持恰当的距离，不能走得太近，也不能过于疏远。

二、接受媒体采访前的准备工作

1. 非经志愿者服务组允许，不得接受采访。若有媒体提出采访要求，可请媒体与志愿者服务组联系。

2. 接受采访时须维护志愿者整体形象，展示志愿者风采。禁止任何有损于志愿者整体形象和利益的言行。

3. 提供给媒体的信息和内容要客观、准确。

4. 礼貌对待媒体。

5. 学习冬奥会赛会志愿者工作基本情况和服务职能等，做好接受媒体采访的准备。

6. 采访过程中对于不了解、不便回答、与志愿者工作无关的问题要礼貌谢绝。

7. 采访结束后及时将采访情况向志愿者负责人反馈。

8. 增强保密意识，不得向媒体或外界泄露敏感或涉密信息。

9. 不得利用自身通行便利的条件帮助他人拍摄其无法进入的会场等区域。

三、与媒体建立良好关系应把握的两个原则

1. 及时原则：赛会志愿者向媒体与记者传递的信息应是最新的，否则会失去时效性。

2. 客观原则：赛会志愿者向媒体与记者传递的信息是事实清楚的，不能胡编乱造虚假信息。

四、与媒体沟通的技巧

善待记者，态度友好，注意力集中。回答严谨适度、简明扼要，把握好时间。克服语病，及时纠正不妥的言辞。负面事件中要冷静处理，巧妙回答“陷阱”式的提问。

五、与媒体沟通的禁忌

不编造，不回答假设的问题，不说“无可奉告”。明白说什么、说到哪、怎么说。

不与记者就重要的问题私下交谈。不因记者宣称已有人对此发表过看法而盲信记者。不对记者提供的而你又未掌握

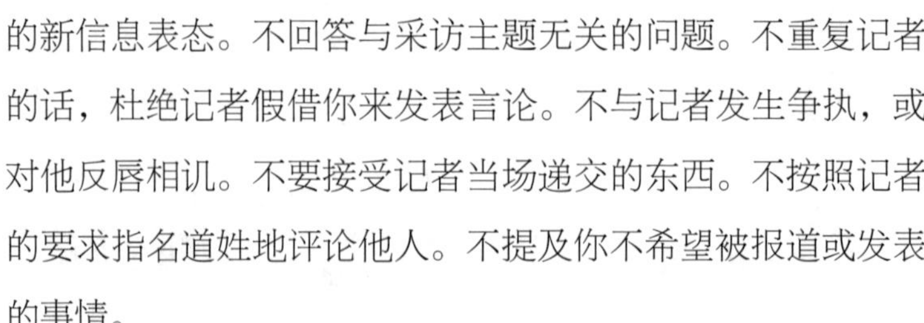

的新信息表态。不回答与采访主题无关的问题。不重复记者的话，杜绝记者假借你来发表言论。不与记者发生争执，或对他反唇相讥。不要接受记者当场递交的东西。不按照记者的要求指名道姓地评论他人。不提及你不希望被报道或发表的事情。

第八节 赛会志愿者须知的急救知识

一、应急救护的定义

应急救护指在突发伤病或灾害事故的现场，在专业人员到达前，为伤病员提供初步、及时、有效的救护措施。这些救护措施不仅是对伤病员的初步救护，也包括对伤病员的心理支持。

二、应急救护的目的

挽救生命：在现场采取任何急救措施的首要目的是挽救

伤病员的生命。

防止恶化：尽可能防止伤病继续发展和产生继发损伤，以减轻伤残和死亡。

促进恢复：救护要有利于伤病的后期治疗及伤病员身体和心理的康复。

三、应急救护的原则

保证安全，发生事故的现场可能存在着危险因素，救护员进入现场，首先要考虑环境是否安全。

1. 确认现场是否存在的危险因素

交通事故中受损的汽车是否起火、爆炸或再次倾覆；脱落的高压电线或其他带电物体是否漏电；化学物质、腐蚀性物质、放射性物质等是否泄漏；是否有有毒气体，如一氧化碳及其他危险因素。

2. 现场的安全防护措施

关闭受损汽车的发动机，防止起火爆炸；同时拉起手刹，防止车辆滑动；在车后位置放置警示标志；抢救电击伤者时，要首先设法切断电源；戴防护手套，必要时穿防护服；在室外遇到降雨雪天气时，要避开高压线、大树，不要使用手机。

3. 防止感染

应急救护时要做好个人防护及伤病员的保护；救护员在处理伤病员的伤口前应洗手，戴医用（乳胶）手套，如果没有医用手套，也可用塑料袋代替；正确配戴口罩；处理有大量出血的外伤时应戴防护眼镜或防护罩；在进行人工呼吸时，要使用呼吸面罩。

4. 及时、合理救护

现场如果伤病员较多，救护员应根据先救命、后治伤的原则进行救护；如果现场安全，不宜移动较重的伤病员；如果现场存在危险因素，应将伤病员转移到安全的地点再进一步救护，避免造成二次伤害；伤势较重的伤病员应避免进食、进水，以免造成窒息。

5. 心理支持

伤病员由于发生疾病或受到意外伤害，常会出现情绪紊乱的情况，救护员要关心和理解伤病员的情感，采取保护伤病员的措施。

要注意一点，不是每一位志愿者都可以开展应急救护，只有拥有“红十字救护员”证书的志愿者才能够开展应急救护服务。

拥有“红十字救护员”证书的志愿者遇应急救护时的基本任务和施救原则有：确认现场安全；迅速判断伤病员的伤

病程度；尽快寻求帮助，拨打急救电话；采用正确的方法救护伤病员；表明自己“红十字救护员”的身份。救护行为应符合正确的现场救护操作方法。救护员抢救伤病员是志愿行为，要发扬人道主义精神，做到施救不存在偏见；平等对待每一位伤病员；不擅自拿取伤病员的财物；不应期望伤病员任何方式的回报。

进行救护时应尊重和善待伤员，及时给予关心、鼓励、安慰，以减轻伤员焦虑恐惧的情绪。在做好自我保护的前提下，优先、谨慎地为精神病患者提供服务；同时，服务时应快速、机敏，要时刻注意精神病患者对其自身精神状态的认识能力及行为健康表现，小心为伤员提供服务，如发现伤员情绪异常可立即上报或拨打相关电话。

第九节　赛会志愿者突发事件处理方法

一、突发事件处理原则

如果发现任何威胁或安全问题，应快速、准确地处理：

立即停止影响突发事件有效处理的一切活动；关闭所有设备或机械；通知危险区域的人员；通知上一级志愿者团队负责人；在紧急情况下（如发生火灾）通知当地应急服务部门。

紧急情况下应急通信系统可能会通过以下方式发布疏散警报：场馆火灾报警系统，场馆信息系统（信息板、公共音响系统或其他），当地紧急服务部门（警察、消防部门和其他部门）等。

不要惊慌或奔跑，努力帮助身边的人保持冷静；严格按照应急服务部门和人员的指示行事，有效号召、组织现场人员疏散；请勿使用电梯或自动扶梯；迅速向最近的紧急出口移动；如果可能，帮助他人，特别是那些有困难的人。如果发生火灾或化学事故，使用最简单的呼吸保护措施，用湿衣服、湿毛巾、湿纱布敷料等护住口鼻，向集合点移动。

二、踩踏事件应对方法

踩踏是指在某个活动过程中，因聚集人群过于拥挤，致使部分人站立不稳跌倒未能及时爬起，被人踩在脚下或压在身下，短时间内无法控制的混乱场面。

1. 踩踏事件避险原则

不要在人群拥挤的地方停留。公共场所发生意外情况时，要听从工作人员的指挥有序撤离。发现慌乱人群向自己方向拥来时，要快速躲到一旁，等人群过后再离开。万一被卷入拥挤的人群，要保持镇静，顺人流方向走。不要弯腰提鞋、系鞋带或拾物。

发现前面有人突然摔倒，应立即停下脚步，同时大声呼救，告知后面的人不要向前靠近。在拥挤混乱的情况下，要双脚站稳，保持身体平衡，抓住身边的栏杆、柱子或看台的椅子

等物。被人群拥着前行时，要撑开手臂放在胸前，背向前弯，形成一定的空间，以保持呼吸道畅通。

万一被人挤倒在地，不要惊慌，设法使身体蜷缩成球状，双手紧扣置于颈后，保护好头、颈、胸、腹等重要部位。如有可能要设法靠近墙壁或其他支撑物，并尽可能在最短的时间内站起来。

2. 应急救护原则

踩踏事故发生后，应立即报警。要听从统一指挥，有秩序地撤离。以先重伤后轻伤的顺序进行伤员救助。对呼吸困难、心搏骤停的伤员立即实施心肺复苏术。

三、火灾应对方法

在各类自然灾害中，火灾是不受时间、空间限制，发生频率较高的灾害，也是常见的威胁公众安全和社会发展的主要灾害之一。

1. 火灾避险原则

不论何时何地，一旦发现火灾，立即向“119”报警。报警时要说明单位、地址、起火部位、燃烧物质、火势大小、有无人员被困、进入火场路线以及联系人姓名、电话等。

在确保自身安全的前提下，维护好现场秩序，快速疏散人员。身上着火不要奔跑，立即躺倒翻滚灭火或跳入就近的水池，其他人也可用厚重衣物或被子覆盖着火部位灭火。

如果火势较大，超过自己的扑救能力，应想方设法尽早撤离。保持镇静，简易防护，可利用阳台、窗口逃生。建立避难场所，等待救援。必要时发出信号，寻求援助。

2. 应急救护要点

做好自我保护；快速组织现场观众撤离现场，此时，老幼妇孺优先；保护烧伤创面，迅速转移伤员，协助送往医院；立即抢救生命，保持呼吸道通畅（判断伤员是否有呼吸道烧伤），对呼吸困难、心搏骤停者实施心肺复苏术。

四、地震应对方法

地震在自然灾害中属于受灾面积广、破坏性强、死伤人数多的地质灾害，往往会在瞬间给人和社会造成巨大损失。

1. 室内避震

迅速躲在低矮、坚固的家具旁或内承重墙墙角等易形成避震空间的地方或有支撑物的房间，如卫生间、储藏室等处，就地蹲下或趴下，双手保护头部，注意避开高大建筑物或危

险物。

震时就近在牢固物旁蹲伏，震后有序撤离，避免拥挤。不要乘坐电梯，不要在楼梯处停留。此时，千万不要跳楼、跳窗，也不要到外墙边、窗边或阳台上避震，不要躲在电梯里。

2. 公共场所避藏

在体育场馆、影剧院内，应躲在排椅旁，注意避开悬挂物，降低重心，抓牢助力，躲在座位附近，用书包等物保护头部。在商场、展览馆、饭店等处，要选择内墙角、柱子旁及结实的柜台、商品、低矮家具旁，迅速蹲下。避开玻璃柜台、门窗和橱窗等。

3. 户外避震

快速避开高大建筑物，特别要避开有玻璃幕墙的建筑；在过街天桥、立交桥、烟囱、水塔等危险地带，不要靠近坠落物体处；选择开阔地蹲下或趴下，不要返回室内；避开危险物，如变电器、电线杆、路灯、广告牌等；不要在山脚下、悬崖边停留；遇到山崩、滑坡，要向垂直于滚石前进的方向跑。

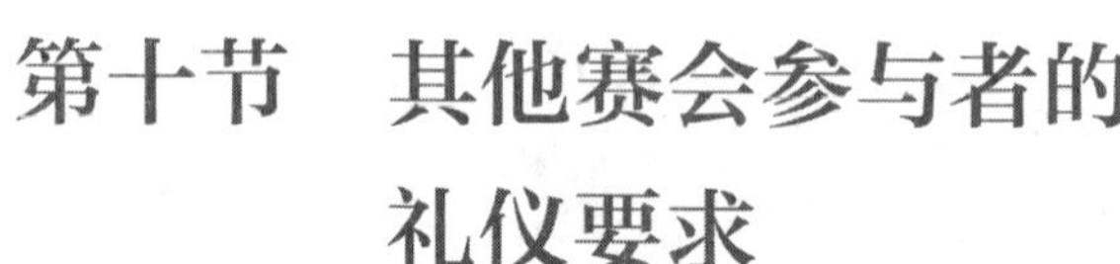

第十节　其他赛会参与者的礼仪要求

一、社区志愿者

树立群众观念，提高办事效率

社区志愿者是指以社区为范围，不收取物质报酬的情况下，主动承担社会责任、奉献个人的时间及精力从事志愿服务的人。

遵守工作纪律：严格遵守作息时间，不迟到不早退；工作时间不办私事，不从事与办公无关的其他事情；市民对政府的不满往往就是因为政府基层办事人员工作不到位，要心里装着百姓，为百姓提供便利。

遵守会议纪律：参加会议不迟到早退，会场上闲谈、睡觉等影响很不好。

不要带领闲杂人等在政府的办公区域内闲聊、滞留。办事要雷厉风行，工作程序要增加透明度。当日事，当日毕，不拖延，不敷衍。

办事人员要热情周到。说文明用语，接听电话的时候要认真负责。接到上级部门打来的办公电话要认真记录内容，及时迅速地转告相关人员、相关部门处理。同时在听取意见时要专心致志，询问问题时态度要友善，解答问题时态度要耐心诚恳，不能表现出不耐烦的情绪。

作为政府的基层办事人员，在工作岗位上的着装要整洁庄重。男同志不能穿背心、短裤、拖鞋；女同志着装不要短、露、透。不使用不得当的语言，学会换位思考。不要散漫，要提高办事效率。

要想营造和谐的社区环境，礼仪必不可少。与居民接触，应时常注意讲话的艺术，既要把政府的精神传达下去，又不能摆出一副下命令的姿态；接待群众反映问题的时候，多听居民的想法，体会他们的感受，用得体的语言开导他们；平日要注意自己的举止，社区是居民的家，要让他们在这里感受到温暖；自己走在社区里，看到拎菜的老大妈，就上去伸把手，地上有垃圾就随手捡起来，用自己的行动去培养良好的习惯。

二、驾驶员志愿者

避免不良行为举止，营造良好乘车氛围

驾驶员志愿者必须遵守《中华人民共和国道路交通管理条例》及有关交通安全管理的规章制度，安全驾车。

自觉学习政治理论，不断提高思想政治素养；加强车辆驾驶、保养及交通法规知识的学习，努力提高业务素质和岗位技能。

严格要求自己，遵守交通规则，遵守工作纪律，文明出车，不危险驾车（包括超速、紧跟、争道、赛车等）。

驾驶员志愿者对自己所开车辆的各种证件的有效性应经常检查，出车时一定要保证证件齐全。

保持运行车辆安全性能的检查，坚持按照安全规范操作。出车前，要例行检查车辆的水、电、油及其他性能是否正常，发现不正常时，要立即加补或调整。出车回来，要检查存油量，发现存油不足一格时，应立即加油，不得出车时才临时去加油。

爱护车辆，提高成本意识，节约油耗，降低车辆维修保养成本。经常检查车辆的主要机件，发现所驾车辆有故障时应立即检修，以确保赛会期间车辆运行安全。

保持车辆美观、整洁，按制度要求擦拭、清洗车辆，不在车内吸烟、吃食物、吐痰和乱扔东西，营造美观、舒适、温馨的车内、车外环境。

出车执行任务服装应整洁大方，使来宾感到舒服。要经常理发、修面和剪胡须，经常洗澡，避免身上有异味。

根据组委会要求及具体情况为来宾提供服务，迎送来宾应礼貌问候“您好”或“欢迎您”等。取送来宾行李轻拿轻放，有怕压或易碎的物品，在询问来宾后可以由来宾手提。对来宾的目的地要提前询问清楚，平稳驾驶，安全第一。行驶中精力集中，专心驾驶，不在驾驶过程中吸烟、接听电话或翻看短信，不高谈阔论。

到达目的地，驾驶员志愿者应先下车并为来宾打开车门。如所到达目的地提供打开车门服务，驾驶员志愿者可根据具体情况帮助来宾从后备厢拿出行李并检查来宾有无遗忘在车内的物品。在无服务员接待时，可协助来宾把行李送到宾馆大门前。外宾属于自费的，须当时结算，开出单据。当来宾付款后，出于礼貌，司机应说“谢谢”或“再见”。如来宾有事需司机帮忙，在条件允许时，应尽力协助，但不应另收小费。

严格履行车辆派遣制度，服从调派，车辆统一派遣后方可出车，准时出车不误点，完成任务后应将车辆及时入库，停放在指定车位，不擅自随意停放他处。

注重和维护良好的志愿者形象，仪表庄重，服饰干净整洁，举止文明，讲究个人卫生，精神饱满充沛。

准确使用服务用语和文明礼貌用语，对乘车人应热情、礼貌，谈吐文明，语言谦虚得体。行车途中不插话，不该说

的不说，不该问的不问，不随便插科打诨。恪尽职守，恪守保密制度。

做到车内随时保持整洁和卫生，不吸烟，不得存放贵重物品。遇有车内吸烟现象应有礼貌地制止。

外出执行任务时，原则上不得离开车辆，确因工作需要离开时，应注意观察周围环境，看管或携带好随身物品，防止车辆被盗。

注意休息，不疲劳驾驶，禁止酒后驾车。

遇特殊情况不能按时返回的，应及时设法通知相关责任人员，并说明原因。情况特殊确实不能回复的，事后要说明原因。

三、翻译志愿者

遵守纪律，严守机密

翻译志愿者除了必须遵守各项外事制度与规定外，还应掌握政策，钻研业务，严守纪律，站稳立场，努力提高翻译水平。

在上岗前做好准备工作，对必要的技术名词和问题也应做好准备，进入服务岗位态度应热情诚恳，精神要饱满，体现出对外宾的友好感情。

在翻译过程中要正确忠实，不擅自掺杂自己的想法，不增减谈话的内容。在一般情况下除礼节性的问候，翻译不需

要主动与外宾攀谈或擅自解答问题。遇到听不清的内容或翻译有困难时，应当立即提出，向谈话人说明，不要不懂装懂，主观臆断。对其他人的插话，应在得到主陪人的同意后，再进行翻译。当外宾询问翻译人员个人的问题时，应适当告知主陪人，决定是否答复，但也应灵活掌握。同时，还需注意以下问题：

在态度上要始终保持热情、愉快、谨慎、诚恳，一方面使被服务对象充分感到我们的友好精神，另一方面应有坚定立场，坚决保卫国家利益；

在谈判前，应做好准备工作，尽可能向主谈人了解谈判内容、我方意图和可能发生的问题等，对必要的技术名词问题也应做好准备；

在谈判时，应全神贯注，充分体会谈判精神，对我方主谈人的发言内容有意见时，可向主谈人提出，请其考虑，但必须以主谈人意见为最后意见，忠实翻译，绝不能够向被服务对象表达自己的意见；

对主谈人以外其他参加谈判人员的谈话，除系主谈人指定的发言者外，应取得主谈人同意后，再进行翻译；

服务对象有不正确言论时，应据实全部翻译，告知主谈人；服务对象单独向翻译人提出问题时，如因服务对象不了解情况而有所冒犯，主观并无恶意，可实事求是做一定解释；如存恶意，则应坚持立场，义正词严地表明态度，如遇难以应对的情况，可暂停答复，迅速向领导汇报所有情况，再解决

问题；

服务对象提出任何要求，应详告主谈人考虑解决，不能擅自允诺或做否定答复；在我方不能满足对方要求时，可将主谈人意见委婉告知对方，避免生硬机械，但应抱实事求是的态度，发言不卑不亢。

四、陪同志愿者

举止大方，文雅谦虚

安排外国友人进行参观，应该根据外国友人参观访问的目的、要求和外国友人的兴趣、特点来设计。当然，也应该结合实际的可能，来选定参观活动的项目，进行有针对性的安排。对外国友人提出的合理要求，只要条件允许，应尽可能给予满足，如果确有困难不能安排，则应向被服务对象解释清楚。

参观活动日程的确定，应先同全程陪同的我方人员交换意见，然后再同被服务对象商谈。日程确定之后，应有详细具体的安排计划，包括先参观什么，后参观什么，是否安排休息、介绍或座谈等。其他包括参观路程的长短、各参观地点之间的距离、徒步或者乘车前去的时间等，也都要掌握好。在车辆安排、参观出发时间、集合地点等这些参观的具体要求和细节确定之后，应立即通知参观单位和有关部门及全体接待人员，要求他们主动配合工作。

被服务对象参观时，一般都应有身份相当的人员陪同。如陪同身份较高，应提前通知对方。接待单位也要有一定的人员出面，并且根据需要安排解说员或导游人员。参观过程中，我方人员不要中途离去或不辞而别。参观现场的工作人员根据需要可组织欢迎仪式，但欢迎后仍应回到自己的工作岗位，切不可围观；如遇被服务对象问话，可有礼貌地回答。

五、堂食服务员

礼遇八方，善待来宾

对来宾都应态度诚恳，文明礼貌，服务殷勤，及时解决来宾的问题。

服务人员的服装要整洁统一。上岗前，应一律穿着工作服，注意仪表仪容，自觉做好个人形象管理。

引领服务做到举止应时，落落大方，服务应主动，例如与来宾同乘电梯，应为来宾按电钮，并照顾来宾先行。

回答来宾询问，态度要热情，措辞应简明扼要，不与来宾无谓攀谈。尊重被服务对象的风俗习惯，不询问被服务对象忌食某种食品的原因，对被服务对象忌食的食品切不可马虎端上桌。

宾客入座后，须按礼宾次序为客人提供服务。

来宾散去后，要检查桌椅上下是否有遗留的物品。发现物品后，要及时送还给被服务对象或交给陪同人员。

遇急事忌慌张，可快步急行但避免奔跑。遇到有来宾迎面走来，应礼貌地点头示意，并侧身礼让。

谨慎承诺，恪守承诺。一旦承诺，遇再大的困难也要在有效时间内解决。

在工作时间，服务人员不应聚在一起聊天，也不应在来宾视线范围内举止懈怠、落座休息等。

第五章

志愿者助残知识

第一节　尊重残疾人运动员，树立助残意识

残障人士是社会中一个特殊的群体，由于存在先天或后天的生理缺陷，他们在生活、学习和工作中有着比健全人更多的困难，而帮助残障人士则是文明社会的重要体现。

中华民族自古以来就有“扶弱助残”的传统美德，倡导“老吾老以及人之老，幼吾幼以及人之幼”的仁爱行为。这正是在人格上尊重残障人士的表现。在给予残障人士无论是精神上、物质上还是行为上的帮助时都应真诚平等；应给予他们尊重、平等、诚信、善意、谦敬、包容、礼让。在志愿活动中与残疾运动员交往时，不要有围观、戏弄、嘲笑等不良行为，更不能出现嫌弃、鄙视、侮辱、恶意等不良的心态。

从运动员在规则限定的条件下进行竞技活动的角度讲，

残疾人运动员与健全运动员的体育比赛性质是一样的。但这两者之间的重要区别是：必须对残疾人运动员的运动功能（能力）进行评估、分析，以确定其参加什么样的运动项目合适，对身心的健康有利。众所周知，体育竞赛必须在同等条件下进行，不同类型的残障，其功能障碍是不一样的。即使同一类型的残障，因伤残程度不同，其功能丧失的程度也不同。为保证公平竞争，残疾人运动员参加体育比赛必须在医学功能分级的监督定位下，将残障程度相同的运动员分在一个组别比赛。残障类别和程度不同的运动员不能在一起比赛。由此可以看出，残疾人运动员比赛更复杂，难度更大。概括起来，与健全运动员体育比赛相比，残疾人运动员的比赛主要有以下四点不同：

1. 项目不同；

2. 比赛规则不同；

3. 在使用特殊器材和借助辅助人员方面不同；

4. 比赛场地、设置要求不同。

成为优秀的助残志愿者，需要了解“残障”现象，了解社会看待这种现象的演变发展过程，用恰当的态度关注残疾人运动员群体，学习掌握必要的知识和技能，以体贴的服务照顾好残疾人运动员，才能成为合格的助残志愿者。

一、称谓规范，措辞得体

面对残疾人运动员，应使用尊称，严禁以“跛子”“瘸子”“瘫子”等带侮辱歧视色彩的蔑称和贬称称呼残疾人。

服务境外残疾人运动员时，要充分考虑服务对象的国籍、民族、宗教等各种社会文化背景，一般可以按照国际习惯在其名前冠之以“先生”“女士”，或者使用本人告知的昵称。

在与残疾运动员交谈时，忌询问导致其残疾的原因和残疾的状况，避免谈论他们的隐私和伤痛。避免把话题往残疾题材上引，这会让对方感到你特别注意到他残疾的身体状况，使其产生自卑心理。

与视障残疾运动员交谈时，指物不要说“在前面”“在那儿”“你看”等话语；对高位截瘫的残疾运动员讲话时，不要说“在后面”“在下面”等话语；在话题上，最好淡化残疾色彩，把他们与健全人同样看待。

由于生理原因，残疾运动员比健全人更加敏感。打招呼时眼睛要直视对方，不要盯着残疾部位看。同时，应尽快判断其伤残的类别，避免因盲目打招呼而失礼。如一旦发现对方是聋哑人，则应立即改变问候方式，通过握手、拍肩膀等动作或用手语（即右手握拳伸出大拇指）以表示问候。

与残疾运动员打招呼，除了要特别注意回避与其生理缺陷有关的词语和内容，一般也不要主动涉及肢残原因、治病经历等这类直接涉及残障的话题。

尽量记住残疾人运动员的姓名，这意味着对残疾人运动员的重视。

二、目光真诚，态度友善

以真诚、真情与残疾人运动员交往，就可避免同情的心态、怜悯的眼神。许多残疾人运动员或是肢体不完整，或是因残障行动很艰难，一些脑瘫的残疾人运动员甚至不能控制自己的身体，体态、语言和行为方式都非常特殊，志愿者可能从来没有遇见过，一定要调整好自己的心态坦然面对。

忌上下端详，用异样目光打量肢体残障运动员，这样会无意间给对方制造出压迫感，拉开了与服务对象的感情距离，导致志愿服务的隔阂与困难。

由于残疾人运动员在生理、心理和行为方面有其特殊性，所以要从思想意识上理解他们，从语言行为上尊重他们。在称谓上，应使用规范语言，回避忌讳；并戒掉不良口头禅。对“残疾人运动员”“言语残障运动员”“听力残障运动员（聋人）”“视力残障运动员（盲人）”“肢残人”“智障人”“脑瘫者”，不能使用“残废人”（残疾人运动员是残而不废的），更不能使用“瘸子”“哑巴”“聋子”“瞎子”“拐子”“瘫子”“傻子”等带侮辱歧视色彩的蔑称和贬称。

志愿者在服务过程中要以积极接纳的态度，发自内心地尊重并由衷地欣赏残疾人运动员身上展示出的优秀品质和才华，进行愉悦而体贴入微的服务与帮助，方可展示优秀志愿者服务品质。

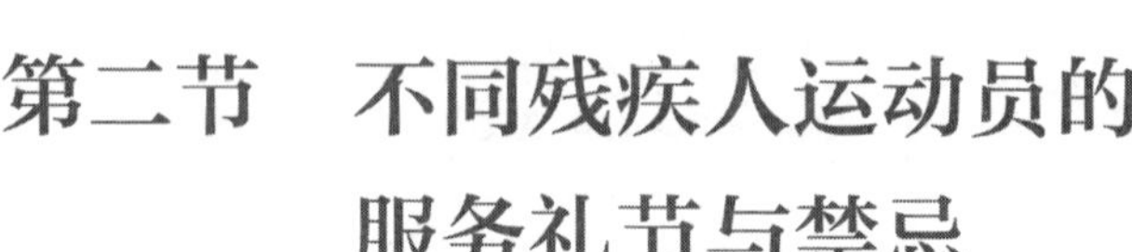

第二节　不同残疾人运动员的服务礼节与禁忌

残障分为视力残障、肢体残障、听力残障、言语残障、智力残障、精神残障和多重残障。

一、服务视力残障运动员的礼节与禁忌

很多人对视力残障（简称视障）的理解有误差，一听说“视障”就会联想到“眼前漆黑一片”“暗无天日”。

视障并不等于看不见，视力障碍分为盲和低视力两种。大部分的视障运动员可以看到部分事物的影像或者模糊的影像，根据病因的不同，他们眼中的世界呈现不同的样貌。而且，

科学统计表明，大部分的视障运动员多多少少都有光感，有“残余”视力，还有一些视力残障运动员只是视野变小，仅仅能在非常窄的范围内有视力，无任何光感的全盲者只是少数。志愿者不要简单地认为视力残障就是看不见。

视觉途径是健全人感知外界的一个非常重要的途径。健全人主要是通过视觉、听觉、触觉、嗅觉、味觉等途径感知外界的刺激（信息）。其中大约80%的信息通过视觉途径获得。视觉与其他感觉相比，有感知范围广、转移灵活、知觉速度快、知觉距离远、感知较全面等优势。视力障碍者与健全人对世界的感知有明显不同。

1. 视力残障对知觉的影响

视力残障运动员在生活之中主要依靠触觉和听觉了解事物，也就是我们所说的“以手代目、以耳代目”，而手所能触及的范围是十分有限的，耳所能听到的声音是瞬间即逝的，这就使得视力残障运动员对事物及周围环境的认识不够完整，需要视力健全人的帮助。

低视力者占视力残障者之中的绝大多数，在光线较强的地方或者熟悉的场地，他们行动 “自如”，看上去似乎没有障碍，但是在光线较暗的地方会遇到辨认困难的问题，比如观看多媒体或者遇到整扇玻璃的大门会感到有障碍，在强光下进入房间或者阴凉之处，视觉反差会造成辨识不清的情况，阴天时辨认公交车、广告、站牌、各类标识、房间号等也会

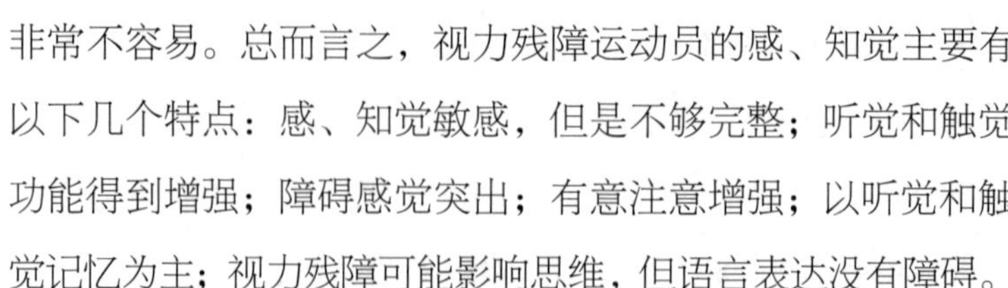

非常不容易。总而言之，视力残障运动员的感、知觉主要有以下几个特点：感、知觉敏感，但是不够完整；听觉和触觉功能得到增强；障碍感觉突出；有意注意增强；以听觉和触觉记忆为主；视力残障可能影响思维，但语言表达没有障碍。

2. 视力残障对人的心理影响

对视力残障的自我接纳程度是影响人格建构的内部因素。社会环境会影响视力残障运动员的人格的建构。在包容友善的环境中，视障人员更容易融入集体，获得快乐。

3. 如何帮助视力残障运动员

大多数志愿者并不知道该如何有效地服务视力残障运动员，面对需要给予服务的视障运动员过于谨慎小心，建议掌握如下服务要领。

（1）服务原则

志愿者辅助视力残障运动员之前，应预先征得对方的同意，再按照对方的愿望，实施恰当的帮助。尊重视力残障运动员是服务的前提。

（2）称谓

“视力残障运动员”是正式、书面的称谓，但是在一些约定俗成的情况下，也不一定拘泥。面对视力残障运动员时，直呼其名或者称呼他们的社会身份如某先生、 某女士等，就非常自然、得体和亲切 。

（3）自我介绍

每次见面都需要主动介绍自己，尽量多告知对方你本次将要提供服务的信息，在此我们要遵循的原则是：要清晰地告知对方自己是谁、要做什么、去哪里……让对方对你产生信任感和亲切感。离开时要提示视力残障运动员，避免对方认为你仍然在身边，继续与你讲话，之后发现无人而产生尴尬。

（4）交谈

初次见面，志愿者应尽可能详细地告知对方有关自己的相关信息，令对方有安全感。与视障运动员相处要避免说“瞎说”“瞎猜”“瞎想”等字眼，以免刺伤他们的自尊。视障运动员交谈前先要拉拉他的手、拍拍他的肩等，使其有亲近感。保持正常的语调和语音和他们讲话，视障运动员的听觉是非常好的。

与视障运动员在一起时，志愿者不要窃窃私语或者互相用手势交流，这很容易让对方产生猜测，感到不舒服。可以大方地告诉对方谈话内容，或者直接告辞，到另外的场地交谈。

在距离视障运动员一两米左右的时候，应该有一个声音提示，让其知道你在附近，然后再进行交谈和帮助，语调应诚恳而平和。当要离开的时候，要事先告知视障运动员。当他们要离开时，要做到“有迎有送”，告别礼数周到。和对方讲话时，先说对方的尊称，提示正在对他说话。交谈过程中忌直接反驳，讲刺激性语言或出现歧视的态度。避免因语言、举止不当给宾客或志愿者带来伤害。

（5）倾听

志愿者初次遇到善于言谈的视力残障运动员，尽量不随便打断对方的谈话，可以用声音回应，细心听取对方的谈话信息，了解其需求、喜好和特点，以提供恰到好处的服务。有事情要离开时，要及时告诉对方。

（6）介绍

凡是有视力残障运动员在场的赛事、活动，志愿者要尽量将现场有多少人、怎样的布局、大致环境等介绍给对方。志愿者应让在场的主要人员做个简单的自我介绍，目的是使视力残障运动员可依据声音来认识现场的人员。

（7）询问

部分视力残障运动员有残存视力，有时会为了验证自己看到的事物是否准确询问志愿者，此时志愿者要给予积极回应，鼓励对方使用残存视力进行观察。

（8）引导

通常情况下，由视力健全人作为引导者带领视力残障运动员行走是比较安全的办法。志愿者在做引导服务时应先征得对方的同意。

引导视力残障运动员行进，除应采用规范的导盲方式，即引导者与视力残障运动员并排站立，引导者应靠近视力残障运动员的手臂，轻触其手臂，视力残障运动员被触及的手沿引导者的手臂上移至引导者的肘关节处，四指在引导者手臂的内侧，拇指在外侧，轻轻抓握引导者的肘关节。志愿者站在视力残障运动员前半步的侧方，并让视力残障运动员抓握自己手臂的上臂，同时身体靠拢与前臂成直角。当引导者迈步时，视力残障运动员可根据抓握手的提示跟随引导人行进。

在道路上行走时，要特别注意为视力残障运动员提供“避险”引导，如地毯有卷边，地上有电缆电线、垂下的树枝等，要提前提示并帮助避开。

志愿者要当对方的“眼睛”，不是替对方做所有的事，尽量向对方解释你所看到的或对方关心的事务。

志愿者在导盲时速度要适宜，要考虑到视障运动员的需要，不要过快或过慢，和视障运动员尽量要保持步调一致。视障运动员也应根据从抓握手所获得的信息及时调整自己行进的速度和步伐。

如行走在公路上，则需要行走在左侧、面对行车方向，视力残障运动员则在引导者左手边。

引导方式应尊重对方习惯，切不可以扶着对方的腰或者拽着胳膊向前拉。志愿者与视力残障运动员同行时，可不走盲道。

（9）路遇

遇到视力残障运动员，在距离一两米远时，首先应有一个声音的提示或者问候，让对方知道你在附近，根据声音了解你，不必等待对方身边的人转达。遇到两位以上视力残障运动员，不仅要和认识的朋友打招呼，也要与不认识的人打招呼，如果叫出对方的名字，会让人更有亲切感。

（10）出入

出入带门的通道要提前提示，并为视力残障运动员开、关门。通过时门要完全打开，避免对方因半开的门而产生碰撞。

（11）指示方位

为视力残障运动员指示方位要使用“前、后、左、右”等准确的提示。如“杯子在你左手旁边”“话筒在你正前方”，避免使用“在这儿”“你坐那儿”这类的语言。引领就座时要明确地告知视障者：请坐在左边或右边、前面或后面的位子等。

（12）握手

在握手前应首先进行语言提示。视力残障运动员伸出手，应主动相迎。当两位视力残障运动员需要握手时，志愿者要及时引导对方相握 。

（13）身体接触

志愿者走近视障运动员，与之同向并排站立。用手轻触视障运动员的手背，这样视障运动员就知道志愿者的确切位置。志愿者在接触的同时应给予适当的语言提示，如“请随我来”“我带你走吧”等。

志愿者站在视障运动员的左侧为好。根据我国行人右侧通行的交通规则，视障运动员在右侧随行更为安全。志愿者在靠近视障运动员时应事先给予暗示，要使视障运动员感觉到有人走近；否则既不礼貌，又容易对视障运动员造成惊吓。

忌在视力残障运动员毫无准备时触碰其身体、突然大声疾呼或突然握手和拥抱，甚至要求对方猜猜自己是谁。

（14）导盲服务应事先获得允许

以一种平等的态度给予视障运动员帮助，帮助视障运动员应该事先取得他们的允许。询问时要使用敬语，态度恭敬，如“您需要帮助吗？”“请允许……”“您是否……”“可不可以……”“我能为你做点什么吗”等。在得到残疾运动员的同意后，再按科学规范的助残方法给予帮助。

一些残障人士，特别是残疾人运动员，他们在长期的锻炼和生活中，形成了较强的自理能力，如果不征得对方同意贸然帮助，或许会使他们觉得尴尬或自尊心受到损害。

4. 行为禁忌及注意事项

服务过程中不得出现歧视的态度。避免因举止不当给对方带来不必要的误解和伤害。

（1）盲杖

通常视障运动员定向行走都需要借助工具，最常见的是借助盲杖。在特殊的情况下，视障运动员还常常请求周围人的帮助，以他人为向导实现定向行走。视障运动员学习定向行走需要一定的时间，不仅需要专业培训人员的训练和教导，也需要家人、朋友及其他人员的帮助。因此，志愿者有必要掌握相关的导盲知识与技巧来更好地帮助视障运动员。

（2）导盲犬

如果视障运动员自己配备了导盲犬，不要过于关注导盲犬，不要伸手抚摸或逗引，分散导盲犬的注意力，干扰导盲犬的工作，更不要随意喂食。

（3）换边动作

当视障运动员需要从引导者的一侧移动到另一侧时，有两种方法（以视力残障运动员要从志愿者的左侧移动到右侧为例）。

逐步换握法：视障运动员用左手替换下握住引导者左臂的右手；右手用手背沿引导者的背部向右移动，轻触到引导者的右臂，同时身体向右移动，左手与右手交换，视障运动员的左手握住引导者的右肘部，站于引导者的右后方。

直接换握法：视障运动员直接将左手从自己的手臂上方、引导者的背部向右移动，握住引导者的右肘关节，放开右手，同时身体向右移动到引导者的右后方。

以上两种方法都要注意提醒视障运动员不要同时松开双手，以免脱离接触。

（4）转向动作

视障运动员被志愿者领着走，如果突然想起忘记带什么东西或者需要回去一趟，就需要用“向后转”，若视障运动员在志愿者的右侧，志愿者须先语言提示对方“向后转了”并抬起被抓握的手臂示意；两人同时转 90° 按顺时针方向转体，同向转体的同时向上抬起右臂，与视障运动员对面站立；

视障运动员察觉后，迅速以右手握住志愿者的左臂转体后，再次抓握志愿者的手臂重新建立导盲姿势。

在后转时，志愿者须在停止行走前先用言语提示要换向，以免视障运动员不知道要换向而继续前走与志愿者相撞。

（5）出入

进出门时，如果门是敞开的，志愿者可根据门轴的位置，示意视障运动员用换边法调整两人的位置，使视障运动员站在门轴一边；志愿者用被握臂的手摸门把，视障运动员用门轴侧的手顺着引导者被握臂找到门把并握住；引导者放开门把，由视障运动员把门打开，进门后，再由视障运动员把门轻轻关上。

但如果门是关闭的，到门口时志愿者须用语言提示视障运动员："我们已到了门口，门是向外（里）开的，门轴在左（右）。"然后志愿者用非导盲臂握住门把手打开门，再把视障运动员的手放在门把上。这样的话，视障运动员就知道门在哪里，进去的时候就不会撞在门边上。进门之后视障运动员可继续前行。

（6）上、下楼梯

上、下楼梯时，志愿者引导视障运动员走到楼梯口处，当接近楼梯口时，志愿者要告诉视障运动员："要上（下）楼了"，或夹紧运动员被抓握侧的胳膊肘。

上楼梯时，当志愿者迈上或者走下第一个台阶以后，应该稍作停顿，这样视障运动员就可以用脚判断下一个台阶的边缘在哪里，并且熟悉台阶之间的高度差。随后，视障运动员可以根据手臂的感觉跟随晚一级上楼梯。当引导者上完最后一级台阶时略加停顿，示意视障运动员还有一级台阶就到平地了，视障运动员上完最后一级台阶站稳后，志愿者再引导其继续前行。

下楼梯时引导者先一步下楼梯，视障运动员根据手臂的感觉跟随晚一级下楼梯。当引导者下完最后一级台阶时略加停顿，示意视障运动员还有一级台阶就到平地了，视障运动员下完最后一级台阶站稳后，引导者再带领其行进。

若楼梯有扶手，而视障运动员又愿意自己手扶楼梯扶手上、下楼，我们可让视障运动员走在楼梯扶手一侧，并把视障运动员的手搭到扶手上，另一只手握住志愿者的手臂。在陌生的环境中还需加入停顿和语言提示。当接近楼梯口时，志愿者务必略加停顿，使视障运动员有准备的时间，志愿者的速度要适当，在视障运动员接近楼梯口、尚未踏上楼梯时可略慢，在上、下楼梯时要注意行走的节奏要均匀。

（7）乘坐电动扶梯

来到电动扶梯口处时，志愿者提示视障运动员是上还是下。志愿者把视障运动员的空闲手放在同侧扶手上，先一步上梯，视障运动员紧握扶手跟随迈步上梯，并调整站位的阶梯位置。当视障运动员感到扶手变平缓时，略翘起一只脚尖，当这只脚的脚底达到接合处时，向前迈出，另一只脚跟随下梯。

注意：如果被引导的视障运动员从未使用过电动扶梯，

建议使用厢式电梯，以免发生危险。

（8）乘坐厢式电梯

进出厢式电梯后，陪同的志愿者应按住开门的按钮，待视障人士进入或者走出电梯后方可关上电梯门，以防他们被夹住。

（9）过于狭窄的通道

志愿者和视障运动员必须通过一个很窄的地方，宽度不够两个人一起行走时，为了安全，志愿者可握着视障运动员的手臂移到身后，手背轻贴后腰；视障运动员觉察志愿者的手臂变化后会迅速从志愿者的一侧移至志愿者的背后，手臂伸直，步幅放小。在这样的位置上，视障运动员可从容地跟随志愿者并感受到志愿者手臂传来的信息。当走出狭窄通道之后，志愿者可以把手臂收回到身体侧面，仍然恢复到标准站位。这样视障运动员就知道自己已经通过了狭窄通道，此时再站到志愿者侧后方一步左右。

志愿者将被抓握的手臂向身后弯曲贴于腰部，视障运动员根据引导者手臂的变化，将抓握手移到引导者的前臂，在引导者的身后行进。当道路宽敞后，引导者放下弯曲的手臂以示意，视障运动员恢复原来的行走姿势。

（10）入座

志愿者将视障运动员带到椅子前要停下来，告诉视障运动员椅子的位置在哪里，比如："椅子就在你的正后方，旁边是桌子"等，志愿者把视障运动员的一只手放到椅子的扶

手或椅背上，另一只手放在桌边，视障运动员自己会用腿轻碰椅面，以确定座位的方位、大小、形状，然后另一手到座位上“清扫”一下，确认已调整桌椅间距离，并确定椅面上没有杂物，自行坐下。

（11）乘车

乘坐交通工具时，可让视障运动员握着或扶着志愿者的手一同上、下车。

上车前，要提前告知车头方向，上车时，视障运动员要一手握住门把手，一手扶着车顶边进入车厢；上车后，志愿者将引导其就座。

视障运动员就座后，会将手放到座椅背上，以确定座椅的位置。下车时，志愿者先下车，随后视障运动员一手摸到车门框上边，确定高度后，伸出腿，脚着地后，离开座位下车。

上、下车时志愿者都要时刻注意视障运动员的安全并随时提醒他们注意车的台阶的高度，以免摔伤。

乘坐大轿车，志愿者站在视力残障运动员前，引导视力残障运动员抓住车门扶手，按照上楼梯的方法上车。上车后，志愿者协助视力残障运动员紧握扶手或拉环，以防车辆开动时摔倒。下车时，待车辆停稳后，志愿者站在视力残障运动员前面，引导视障运动员走到车门口，握住阶梯扶手，按照下楼梯的方法下车。

（12）下榻

志愿者带领视障运动员入住宾馆时，要告诉视障运动员宾馆名称、地址、楼层、房间号、安全通道位置等。最好向宾馆服务台索要一张宾馆卡片，由视障运动员随身携带。进房间后，先向视障运动员描述房间布局，告知桌上摆放的水杯等物品以及各种电器开关的位置、功能，并领视障运动员一一摸到。

宾馆也需要按照视障运动员的需要，为其做一些特殊设计，如洗发水和沐浴液瓶子的形状有区别或者有提示符号，紧急联系电话最好设置成一键即通模式等。

（13）等待

在志愿者暂时离开，需要让视障运动员等待的时候，一定要让对方坐下或者有所倚靠，而不是让其孤身站立，产生无依无靠的感觉。

（14）个人物品

在赛会助残志愿服务时，未经他人许可，志愿者通常不得触碰视障运动员的随身私人物品，以规避责任风险；除非应视障运动员要求，此时志愿者要审时度势，合理判断与帮助。

帮助对方提拿行李时，最好有其他志愿者在场，必要时要留物证。要尽量紧随视障运动员，要让其感到你随时在身边。小件行李和随身物品一般由运动员自己携带。

（15）座位引导

体育馆的看台是台阶式的，每层一般设有扶手或拉杆，如果观众较多，造成拥挤，视障运动员可能首先变为受伤者。

因此，把视障运动员带到座位后，要告诉视障运动员所

处的位置（可用座位排数说明），离视障运动员最近的通道在什么方位，可以扶握的东西在哪里等，并让视障运动员摸到。

（16）如厕

志愿者带视障运动员进入洗手间后，走到坐便器正前方，引导其摸到冲水把手的位置，若是自动冲水则要告知。同时还要告诉他们手纸所处的位置。告知之后随即离开，尊重视障运动员的隐私。

（17）协助使用健身房

带领视障运动员进门后，按照由近及远，从左到右的顺序大致描述器械布局，特别是类似于秋千等有大幅度摆动的器械的位置。视障运动员使用跑步机等电动器械，通电前一定要让其抓紧扶手，以防摔倒。

（18）用餐

视障运动员进入餐厅时，志愿者应当给予特别关注，用胳膊将进餐的视障运动员引领到餐桌旁，然后把他们的手放在座椅的靠背上，以便他们自己坐下。在坐定后，还需要向视障运动员介绍周围的环境，例如，周围有几桌来宾在进餐，什么地方是走道，洗手间位于什么方位等，使视障运动员对周围的环境建立起大致的空间概念，产生心理上的安全感。

在标准的无障碍餐厅里，一般备有盲文菜单，以方便盲人点餐。如果视障运动员无法阅读菜单，请求志愿者念菜单，那么志愿者应为盲人念菜单。

部分视障运动员可以自己阅读菜单，但需要离眼睛很近或者借用助视器来阅读，可能需要较长的时间，提供服务时不得因为时间较长而有不耐烦情绪。

餐具和菜品放置在桌子上后，志愿者可参照如下提示协助视障运动员就餐：小声向视障运动员说明筷子、汤匙、碗等餐具的位置，并帮他们触摸到自己的碗、筷、杯、盘等餐具；与视障朋友共餐时，应主动告知桌上或餐盘中有哪些菜肴，再询问视障朋友需要什么菜；刺、骨等尖锐的食物，应提醒视障朋友注意；亦可问清视障运动员的忌口，切勿夹他们忌口的饭菜；软性、流质、颗粒状的菜肴应放入碗中；有骨头、需去皮等菜肴放置碟中；为视障朋友盛饭时，只需盛六七分满即可，以便于进餐；夹菜的时候应先帮他们夹一两种菜，菜量少一些，待他们吃完后，再换另外一种，各种菜尽量不要搅在一起，以免影响口感。

为视障运动员倒水盛汤时，只需倒七分满，而且需注意温度不应过高；若是热水、热汤、茶、咖啡，应提醒视障朋友注意；将茶水交给视障朋友时，可将水杯先放在固定位置，再引导视障朋友的手去碰触杯缘；不便定位放置时，应引导视障朋友的手接住水杯；视障运动员在需要与人敬酒碰杯时，志愿者可给予帮助；如出现视障运动员因为视觉问题而弄脏衣物的情况，志愿者应该予以帮助。

（19）陪同文化活动

视障运动员参观、游览、观看体育比赛、观赏文艺演出、参赛社交宴会等文化活动，都是有赛事志愿组织统一安排、

统一管理，任何人不得私自允诺、参加或陪同上述活动。未经赛事志愿组织同意擅自参加活动的，一经发现涉事者都将接受严厉的惩处。

在重大公共场合，凡是有视障运动员在场，应请在场的主要人员和领导做一个简单的自我介绍，使视障运动员能够根据声音来认识现场的人员。当两位视障运动员需要握手时，志愿者要及时引导他们的手接触。

部分视障运动员携带有盲杖或者导盲犬，应为他们专门留有相应的空间，并且不得随意挪动。此外，在没有得到主人允许时，不要随便给导盲犬喂食物。

在参加正式庆祝活动时，志愿者可以带领视障运动员进入场馆。根据视障运动员的要求，可以帮助视障运动员取用食品和饮料；如果有人前来打招呼，志愿者可以帮助视障运动员进行介绍；遇到熟人的时候，陪同者要顺便向朋友介绍一下旁边的是视障运动员；在现场，志愿者应该尽可能陪在视障运动员旁边；如果需要暂时离开，可以将视障运动员安置在某个位置上或者让其靠着墙壁；在有人发言或者有表演的时候，志愿者可轻声为视障运动员讲解场上的情况。

陪同视障运动员外出时，要特别注意安全。要让视力残障运动员远离有危险隐患的地方。志愿者可将自己的所见描述给视力残障运动员听，准许触摸的、安全的植物、雕塑等可扶着对方的手触摸。在安排视力残障运动员拍照留念之后，一定要把照片送给对方。

（20）购物

引导视障运动员到商店购物时，要根据视障运动员的要求介绍商品信息，如价格、产地、材质、生产日期、保质期等；尽量让视障运动员直接与售货员交流，不要包办代替；要让视障运动员亲手摸到所购物品；付款时要让视障运动员亲自办理；购物结束时，可提醒视障运动员放好钱包。所购物品尽量由视障运动员保管，若所购物品很多，可征得视障运动员同意后帮助拿一部分。

志愿者陪同视障运动员去银行或购物时，让对方自理点钞、签名等事务，除非对方提出需要帮助。

（21）就医

陪同视障运动员就医时，要适当描述在为视障运动员做什么，以便减少视障运动员的紧张感；给视障运动员的药物要一一说明用法、用量，并让视障运动员摸到放置的位置；对特殊药物要特别提醒服用安全等注意事项。

（22）协助办理银行业务

当志愿者带视障运动员到银行办理存取款、兑换货币等业务时，要根据对方的意愿，提供适当的帮助；点钞、签字等事项要由对方自己完成，不要代办；若不能签字可按手印；志愿者可扶着视障运动员的手找到签字或按手印的位置后离开，由视障运动员自主操作。如果视障运动员不需要帮助，志愿者要站在一米线外等待。离开银行时，要提醒视障运动员把钱、单据、护照等重要物品放好。

（23）一人导多盲

当一位志愿者需要同时带多位视障运动员时，志愿者应将多位视障运动员进行纵队排列，在志愿者的帮助下，最后一位视障运动员以接触、抓握、站位的动作方法抓握前位视障运动员，倒数第二位视障运动员以同样的方法用被抓握侧的手抓握其前位视障运动员的异侧臂，其余视障运动员以此类推，视障运动员接触前面的第一位志愿者，按前文中讲述的基础导盲的动作方法进行导盲。

在行进中，志愿者要注意保持匀速行进，避免忽快忽慢，以免人员掉队或发生冲撞。同时要向视障运动员特别强调动作的规范性，以免队列变形，影响行走。由于导盲信息经多次传递后会逐渐失真，所以拐弯时志愿者要密切注意后面队伍拐弯的情况，以免发生危险。

应让视障运动员跟随志愿者走，而不是由志愿者拽着走；志愿者指挥方位要清楚准确，“在你左前方一米左右”而不是“在这里”，“把水杯放在你自己的前面”而不是“把水杯放在那儿”。前行中向他们解说你所看到的重要信息，告诉他周围环境（人和物）所发生的变化。需要等候的时候让他有所倚靠，避免让他觉得“孤苦伶仃”，遇到熟人时可向他介绍。

5. 应急及安全防护

每一位视障运动员的残障情况是不同的，大多都有一些禁忌事项要注意。志愿者要特别注意视障运动员的安全。青光眼的患者，在其眼压高的时候，要防止碰撞眼睛，否则有可能造成眼球的破裂。视网膜易脱落的人，要防止头部的震动，以免加剧视网膜脱落。

当发生拥挤时，要让视障运动员抓住墙壁、扶手等安全设施，顺人流沿边走，千万不要蹲下，防止摔倒、被踩踏等。当发生火灾时，志愿者除了按规范的逃生规则做外，还要帮助视力残障运动员扶到墙壁、扶手等安全设施，让对方弯下身子，用湿布捂住口鼻，沿边逃生 。

志愿者保护好自己的安全是保护视障运动员的前提。在逃生的过程中，要尽量让视力残障运动员感到你在对方的身边或附近，用身体或语言引导对方脱离险境。

二、服务听力残障运动员的礼节与禁忌

听力残障（简称听障）严重影响人们之间的交流。曾经有记者问海伦 · 凯勒：如果有来生，你是愿意成为视障，还是愿意成为听障？海伦 · 凯勒的回答很多人都意想不到，她的回答是：成为视障。很多人都猜测她会选择成为听障，因为听障人士四肢健全，而视障人士行动不便。海伦 · 凯勒解释说，盲是人和物之间的距离被隔断了，聋是人和人之间的距离被隔断了。人和物之间的距离能通过言语沟通描述，或是把物体带到人身边去消除距离，而人和人之间的距离怎么

办？这就是听障运动员最大的困境所在，但不容易被人理解。

一些听障运动员是可以听到声音的，但是不等于听得明白。我们俗称为“聋人”或是“听障”，而不称其为“聋子”“哑巴”。在称谓方面，志愿者要多加注意。

三、服务言语残障运动员的礼节与禁忌

1. 礼貌要求

应优先为言语残障人士提供服务并可使用简单的哑语问候，特别情况下拿取纸与笔耐心与来宾交流，根据服务流程耐心询问言语残障人士需求，经允许后可代为办理。

志愿者与听力言语残障人士交往时，应主动用哑语为对方解释或者翻译周围发生的事情，并真诚面对听力言语残障人士的眼神。窃窃私语或转身相背，可能会引起听力言语残障人士的误解，应尽量避免。

2. 致意

与听力言语残障人士交谈应微笑地提前打招呼，多注意他们的眼神和手势，如看不懂他们的手语，可进行笔谈，用语要直截了当，避免用晦涩、幽默或说反话等方式与他们交流，以免引起误解。在任何时候，诚恳都是与听力言语残障人士沟通的根本。

3. 交流

与听力言语残障人士短信交流要注意言简意赅。在信息时代，听力言语残障人士也在广泛地使用手机短信进行社交联络，给听力言语残障人士发短信时，要注意使用文明用语。

4. 手语

与听力言语残障人士手语交流要注意手语的准确性和表情的配合，比如“等一等”和“住嘴”的手语，打得不准确就容易造成误解；这两个词的手语所配合的表情是大不一样的，要表达“等一等”时一般面带微笑，而表达“住嘴”的手语，肯定是生气、愤怒的表情。

5. 帮助

志愿服务在现场，如有听力言语残障人士在场，应以信任、友好的心态和表情面对他们，对于他们的特殊困难要给予及时帮助。

6. 学习

作为助残志愿者，要掌握一点手语。手语的学习与运用，不仅在掌握一种语言的层面。其深层意义在于使健听人与听力言语残障运动员两个群体可以真正地用心交流，使社会的成员用手语了解听力言语残障运动员群体的内心世界。当听力言语残障运动员群体看到我们准确、熟练地打手语时，他们接受的不仅是我们，更是整个世界 。

学习手语，方便与听力言语残障运动员朋友交流，但是掌握手语是一个长期的过程，初学者与残疾人运动员交往不多，在一些手语的运用上要严谨、注意分寸，注重手语的准确性和表情的配合。

学习手语开始就要尽量规范、标准，有机会的话尽量交往一些听力言语残障运动员朋友，在与他们沟通实践中多多磨炼。志愿者一时不能掌握丰富的手语，可以学习一些简单的手势，比如竖起大拇指为“你好”，大拇指面向对方、重复弯曲两次为“谢谢”等。不要用单指直接指向某人 。

一般有听力言语残障运动员出席的赛事需要有专业人士或者有专业技能的手语志愿者担任翻译，手语翻译站或坐在合适的地方，既不要遮住讲话人，也要让残疾人运动员容易观察到，做到仪表端庄大方，服装与背景有反差，不戴手套和明显的首饰，精神饱满，动作潇洒，用自己的真诚感染大家，手势尽量干脆利落，清清爽爽，不能拖泥带水，马马虎虎。用词和手势注意适合当地听力言语残障运动员的习惯。不要分神、随意停止，更不能够当众随意掏耳朵、揉眼睛、剔牙、挠痒等。

四、服务肢体残障运动员的礼节与禁忌

赛会志愿者要让自己提供的帮助获得残疾人运动员认可，需要掌握一些基本技能和技巧。

残疾人运动员表示不需要帮助时，志愿者不要“强行”前去帮忙，只做辅助支持，尽量不干预。比如拄双拐的残疾人运动员行走或上下楼梯，贸然扶一把，容易使其身体失去平衡，导致发生意外或危险。

残疾人运动员都有一定的生活自理能力。为上肢损伤和截肢者服务时需要观察，了解他们的习惯。单臂与双臂截肢者的需求各不相同，有的可以用嘴和单手协助穿衣和系鞋带，即便双臂缺损的残疾人运动员，也可以自己自主独立地处理生活问题，只是我们发现有些没有完全处理好的细节时应给予提示，如上衣是否舒展，鞋带是否系好，所带的用品是否需要帮助拿放等。

失去双臂的残疾人运动员在长期训练中形成了一套独特的生活自理方法。在帮助他们就餐时，除非他们提出具体的求助方式，否则只要询问他们需要什么餐具即可，切忌直接喂他们吃东西。

尊重并保护他们的隐私和习惯，特别是在更衣、如厕时，有的肢残者可能因后遗症大小便失禁而须使用尿不湿，有的脑瘫运动员言语不畅沟通困难，还有的我们不知道会有什么特殊需要，只有得到运动员的同意后才可给予恰当适时的帮助。因此需要志愿者随时做好准备，一旦运动员提出求助请求要尽全力相助。

引导肢体残障和脑瘫运动员行进时，速度要缓慢，特别要注意路面的情况，当路滑或有水时要给予提示；肢残运动员上下台阶，如果对方同意，伸出一只手臂，让对方主动的方式扶住你，以随时可以放开的标准为恰当。平时应主动走在残疾人运动员侧前面 1.5 米左右；上坡道时要缓慢，走在他们的侧后和不方便的一侧（保持一定安全距离）。与有助行器（单拐、双拐、手仗）的残疾人运动员同行、上下楼梯或乘滚梯，最好走在他们前面，不要让他们有紧迫感；为了方便照顾，也可在征得同意后，陪伴在适合的位置。随行单手使用器械（拐杖）的残疾人运动员，可搀扶其不用器械一侧的手管，必要时经残疾人运动员同意可以协助完成坡道和较窄通道的行进。

1. 同行

架双拐的残障人士在行走或上下楼梯时，一般不必搀扶，别人的搀扶反而会使其失去平衡，容易发生危险或意外。与架拐杖的朋友同行、上下楼梯或乘电梯，最好走在他们前面，不要让他们有紧迫感；如果为了方便照顾他们，也可在征求意见之后，陪伴在适合的位置。

2. 交谈

与坐轮椅的残疾人运动员交谈，对话时间超过一分钟，志愿者最好坐下来，或者采用蹲姿与其谈话，此时双方的目光基本在同一水平线上。

给肢体残障人士打电话，电话铃声要多响几声，给予对方足够的接听时间。

3. 就餐

帮助失去双臂的残障人士就餐时只要询问他们对餐具的需求，忌讳直接喂食；帮助坐轮椅或架拐杖的残障人士用自助餐，要询问对方需求，按照对方的要求协助其取食品。

五、服务脑瘫运动员的礼节与禁忌

70%~80% 的脑瘫患者伴有不同程度的语言困难，志愿者服务时，需要掌握一些特殊技能与方法。可以通过书写、手势、提问等方式来交流。例如，对伴有语言沟通困难的脑瘫患者，志愿者可以使用图文对照的交际板或手册，语言困难者指点图或字或拼出单词以表示自己的意思。

服务过程中不得出现歧视的态度（语言、动作）。避免因用语不当、举止不当对宾客带来伤害。

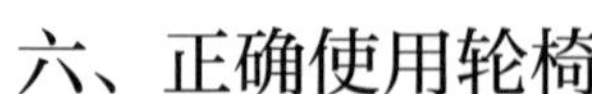

六、正确使用轮椅

在赛事中，如果助残志愿者不了解推轮椅的技巧，为参赛运动员推轮椅作为不当，对于坐在轮椅上的运动员是非常危险的。例如在经过某处障碍时，如果本能地认为使劲推就可以，结果可能轮椅前面的小轮并没有越过障碍，但因用力过猛轮椅倾斜，就可能会导致坐在轮椅上的运动员发生危险造成伤害。

下肢残障程度较重的运动员可能需要以轮椅代步，一般常见的生活轮椅，动力部分是由两个滑行的车轮子和驱动轮组成，其他主要部分有前支撑小轮、中轴支撑可折叠的支架、乘坐椅、脚踏板、车闸及后推把手。

特别需要注意，不要倚靠肢体残障运动员的轮椅或者其他辅助设备，以免使轮椅移位；不要拍轮椅使用者的头或者肩，用居高临下的方式向他表示友好；没有征得对方同意，不要擅自帮助他们推轮椅。

作为助残志愿者，应掌握轮椅的构造、功能和正确使用轮椅的方法，确保运动员的人身安全是必要的。

1. 平稳推车

当肢残运动员稳坐车中需要前进时，推车人两眼应注视前方，双手持住把手，身体与地面垂直，小臂自然弯曲于腰两侧，依靠腿的力量，通过两手使车平稳地向前移动，推车人移动时的两腿步长要相等，不宜过大，匀速行进，不能急停急起，使坐车人感觉到舒适和安全 。

需要停车时，首先应放慢速度，用语言提前告知坐车人后再渐渐停止前进，切忌后拉急停，然后两腿并立，保持好启动的姿态。

避免 2 米内的障碍，特别是纵列轮椅行进之间也要间距 2 米以上。曾经多次发生过志愿者推行轮椅纵列行进，因为间隔不够，临时停车不及，后面轮椅铲伤前面志愿者的小腿和足跟的情况 。

推轮椅进入赛事桌、餐桌之前，要避开桌腿处，查看无误，再入位。

2. 行进中转弯和进入较小的门

在轮椅推行中要按中国的习惯靠右行进，当接近人群或需要转弯时，应给予提示并减速。左转时，左手应轻拉住车把手，右手慢推通过弧线调整方向，然后继续行进；如右转时方向相反，两手不要前后扭动 。

在通过安检门和较窄通道时，身体始终保持走在中间的位置，平稳行进，为确保安全不可四处张望，眼睛余光目测好间距即可顺利通过。

3. 上坡、下坡和通过道路障碍

上坡时要保持推车平稳，蹬地的腿要平稳，慢用力，两臂保持屈位，手持车推把，身体微向前倾。切记两臂不得伸直，两腿不要大步前蹬，身体重心不能向前靠在两手上，这样可避免滑倒和蹬空，不要突然加速发力，要始终保持身体与车把手的正常姿态与车同进 。

下坡时手臂弯曲，不要再加力蹬腿，身体略后仰，双手控制车的前冲速度，保持平稳行进。当遇有较大的坡度时（一般超过 15 度），特别是对残障较重的朋友，应缓慢倒退下坡，一定要控制车速，保证人员安全 。

一般的道路为无障碍通道，但在室外道路行进中也可能会遇到减速墩。需要过一些小的障碍物时，应首先提示乘车人，当通过时两臂后压使前支撑小轮略微抬高，然后不加速向前推车，即可较顺利通过，切忌用力前冲推 。

4. 上、下汽车及乘电梯

乘坐无障碍专用汽车时，志愿者提示乘车人后，推车人身体要靠紧轮椅向前推动，同时两手稍下压使前小轮先上踏板或升降板，前推行进，人与车同速进入车厢，并转向进入停车的区域，然后协助乘车人将轮椅用车上的安全带固定好，下好手闸。下车前，当车停稳后打开安全带，双手持稳车把，采用倒车的方法，将轮椅平稳推下车。如遇几个轮椅同乘一辆车时，一定要排好次序，当第一辆轮椅安全到位后，第二辆才可开始运行。

乘坐电梯时要目测好电梯门的宽度长度，利用窄通道后

退推车方法，倒着进入电梯厢，正着推出；进出要慢，以便让轮椅乘坐者看清自己要到达的楼层，并按下电梯指示钮。当两辆车同乘电梯时，同样注意先后顺序，先下后上，乘自动电梯时，注意防止电梯门夹车。

5. 辅助乘坐和离开轮椅

当残疾人运动员需要乘坐轮椅时，应在征得本人意见后将轮椅推到最佳的位置，一般有“侧并排位置”和“斜上位置”两种，这样通过坐车人的手臂支撑就可以较顺利地移到轮椅上。

当残疾人运动员需要离开乘坐的轮椅，或需要换乘轮椅时，应当首先把车停放在坐车人满意的最近位置，提示或帮助他下车；如坐车人可以自主离开轮椅，推车人要帮助扶稳车，因为这时候大部分肢残运动员要用手臂支撑在轮椅上以帮助身体移动，所以保持轮椅的稳定是极为重要的。

（1）单人帮助方法，针对乘坐轮椅的重度残障及无法完全自主地更换车辆的残疾人运动员。首先要把轮椅调整到需要换乘的轮椅侧上方的位置，然后将现坐的轮椅下闸，志愿者走近重度残障，让残疾人运动员单或双臂搭在自己的肩上重心前移，头靠自己与车相反的一面，使其可以侧头看到要换乘的轮椅，借助残疾人运动员的前驱力抱住其腰部，然后转体，将残疾人运动员移至要换乘的轮椅中，再协助调整好姿态。在移动过程中，帮助人应注意贴近换车人，一起一放要准确，转动时两腿要平稳移动，如遇体重较重人员时应采

用双人帮助法。

（2）双人帮助法。调整好车的位置，一般情况下应比单人帮助的位置远，两人在换车人的左右，使换车人两臂打开搭在两人的肩部，两人外手拉住换车人手，里手向下在乘车人臂下拉手，同时向上抬起，将乘车人换至需要乘坐的轮椅上，在换车时要注意乘车人必须是前驱位，移动时两人要靠近乘车人，同向同步同时地平稳移动，完成换车的动作。

（3）平行移动的方法。先将两车置于平行位，把生活用车下闸，一人在后双手通过乘车人的臂下抱住其胸部，另一人在前双手抱住其大腿上部，两人同看另一车位，一起抱起侧向平移至另一车中。

（4）帮助重度残疾人运动员的方法。帮助重度残疾人运动员更换车辆时，要注意在整个操作过程中，残疾人运动员始终保持在前驱位，不要在背后拉拽，因为他们难以做到。帮助的人要贴近乘车人，眼睛要注视更换车的位置，同时要有借助乘车人前驱力量而移动的技巧。

6. 其他特殊注意事项

（1）出入门注意事项。乘坐轮椅的人在出入门时，由于推车人无经验，行速无减，车的右脚蹬板碰到门框底部致使车急停，受惯性影响车子右转，乘车人亦向前移动，腰部被撞击。因此，推车人应始终保持正确的推姿，并从门正中央通过，人多时应减速，并提示他人让路。

（2）上坡时注意事项。有些坡道上坡的距离较长，由于推车人双臂伸直，身体远离车位，两腿大步后蹬时一脚蹬滑，容易导致车子后滑造成事故。因此，上坡时一定要注意安全、缓慢行进。

（3）乘坐电梯时注意事项。正推进入梯厢后坐轮椅的人难以按指示钮，到达后由于是后退而出，倒车出来时会不知开门后外面的情况，容易与乘梯人相碰，避免造成不愉快的结果。

（4）列队注意事项。列纵队进入会场，因为后面的轮椅急于跟上前面步伐，间隔距离严重不足，所以尽量避免跟进轮椅的前脚踏板可能触碰前面志愿者的小腿或者足跟。

七、向残疾人运动员表示祝贺及安慰

向残疾人运动员表示祝贺或安慰时要注意方式。如对双上肢残疾的运动员，不要冲过去要求握手或献花。如果表示出不妥行为后，可改为拥抱。献花时，则须把花放在该运动员身边的地上或先示意是献给他的，然后交给他的陪同人员。对于乘轮椅的残疾运动员，应该恭身去与其握手或拥抱，也可使用合掌或抱拳等手势向其表示祝贺。